Von Claude Njiké-Bergeret erschien bei Bastei Lübbe:

61509 Meine afrikanische Leidenschaft

Claude Njiké-Bergeret

Schwarze *Weisheit*

Als Europäerin in einem afrikanischen Dorf

Aus dem Französischen von
Birgit Baader

BASTEI LÜBBE TASCHENBUCH
Band 61522

1. Auflage: Juni 2003

Für meine große Familie in Bangangté

Vollständige Taschenbuchausgabe

Bastei Lübbe Taschenbücher ist ein Imprint
der Verlagsgruppe Lübbe

Titel der französischen Originalausgabe:
La sagesse de mon village
© 2000 by Edition Jean-Claude Lattès
© für die deutschsprachige Ausgabe 2001 by
Heinrich Hugendubel Verlag, Kreuzlingen/München.
Lizenzausgabe: Verlagsgruppe Lübbe GmbH & Co. KG,
Bergisch Gladbach
Einbandgestaltung: Tanja Østlyngen
Titelbild: The Image Bank
Satz: EDV-Fotosatz Huber/Verlagsservice G. Pfeifer, Germering
Druck und Verarbeitung: Ebner & Spiegel, Ulm
Printes in Germany
ISBN 3-404-61522-0

Sie finden uns im Internet unter
http://www.luebbe.de

Inhalt

La' be tchang, o ke lèn mfa', ke lèn ndo.

Herrschen Harmonie, Eintracht, Liebe und Fülle
in einem Dorf,
so werden der Fleißige und der Faule eins.

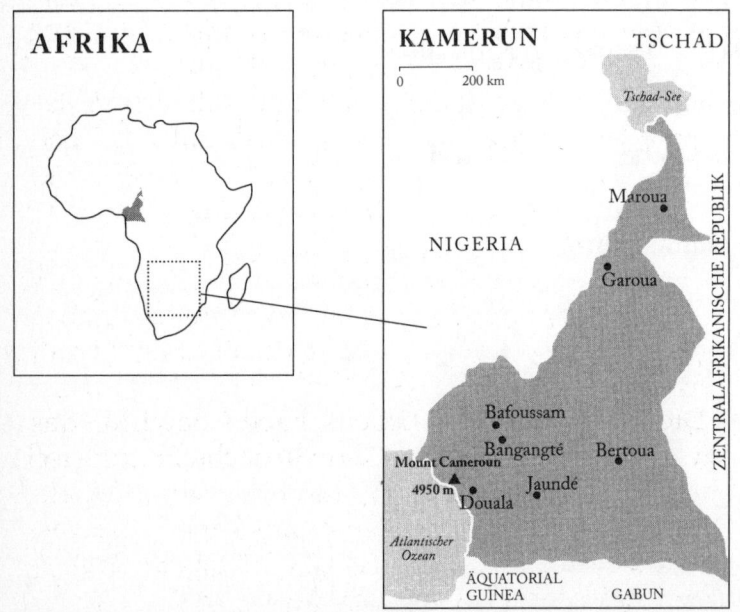

Wir sind ein Teil der Natur

Auf einer Karte ist Bangangté ein verlorener kleiner Punkt in der Weite des afrikanischen Kontinents, an der Spitze des Golfes von Guinea im Osten Kameruns. Dieser Stammesbezirk ist nur einer von sechshundert, die seit Jahrhunderten die Bamiléké-Ebene besiedeln.

Was bringt mich dazu, hier auf die Kultur einer solchen Minderheit aufmerksam zu machen, obwohl ich noch nicht einmal Ethnologin bin? Die Antwort ist einfach: Ich glaube, dass jemand, der viel bekommen hat – und seien es auch »nur« ideelle Reichtümer –, das Bedürfnis hat zu teilen.

Ich habe während der vielen Jahre, die ich in Bangangté verbrachte, eine andere Sicht auf das Leben entwickelt, die mir einfacher, freier und ausgewogener erscheint. Die Menschen von Bangangté haben mich gelehrt, in allem das Gute zu sehen.

Dieses Buch ist nichts weiter als die Niederschrift meiner Erlebnisse und meiner Einsichten, die ich im täglichen Leben mit meiner afrikanischen Familie gewonnen habe.

Die Umstände des Lebens haben bewirkt, dass ich *medumba* wie meine Muttersprache Französisch spreche. Deshalb bin ich vielleicht in der Lage, eine Brücke zwischen meiner ursprünglichen und meiner angenommenen Kultur zu schlagen. Dies ist allerdings keine leichte Aufgabe.

Betrachtet man seine Mitmenschen »mit dem Herzen«, so bemerkt man schnell, dass die menschlichen Werte unabhängig von Zeit und Raum und trotz der kulturellen Unterschiede immer dieselben sind. Ist es nicht so, dass der Westen – in seinem Bestreben, die Natur auszubeuten, um nicht zu sagen zu zerstören, alles zu organisieren und Kontrolle über den Menschen zu gewinnen – dazu neigt, die *Schwarze Weisheit* aus den Augen zu verlieren?

Ich habe 37 Jahre in Bangangté gelebt. Meine frühesten Kindheitserinnerungen stammen aus diesem Land der Berge. Manchmal frage ich mich, ob mir das, was ich von den Menschen in Bangangté gelernt habe, hilft, das Leben auf eine andere Art und Weise zu sehen, als meine französische Erziehung es mir vermittelt hat. Vielleicht lebe ich dank des Kontakts mit ihnen gleichsam in zwei Kulturen und kann daher sowohl die französische als auch die Welt der Bangangté verstehen.

Bangangté spreche ich wahrscheinlich besser als meine Muttersprache und so kann ich die Beweggründe und Denkweisen, kurz: die Gewohnheiten, die das Leben der Bewohner dieser Region Afrikas bestimmen, begreifen und nachempfinden. Ich fühle mich an diesem Ort zu Hause, und ich lebe gern hier. Hier habe ich eine andere Lebensweise entdeckt. Sie hat mich oft in Erstaunen versetzt, manchmal auch schockiert und gab mir doch auch immer wieder die Gelegenheit, mich selbst in Frage zu stellen.

Natürlich betrachte ich aufgrund meiner französischen Herkunft und der 18 Jahre, die ich in Frankreich verbrachte, meine Umgebung mit anderen Augen als diejenigen, die das Land nie verlassen haben. So kann ich bestimmte Riten einfach nicht nachvollziehen, weshalb ich sie nie ausüben wollte. Außerdem kann ich gewisse Ansichten bis heute nicht akzeptieren, da sie mir unwahrscheinlich oder unlogisch erscheinen. Ich habe jedoch immer versucht, einen Sinn hinter diesen Riten oder Anschauungen zu finden, um sie annehmen zu können. Ich wollte verstehen, warum sie so wichtig für all die Männer und Frauen sind, die mich immer als eine der ihren angenommen haben. Oft musste ich versuchen, Ereignisse intuitiv nachzuvollziehen, die man mit Worten nicht ausreichend hätte erklären können.

In diesem Buch möchte ich versuchen – soweit dies in dieser Form überhaupt möglich ist –, aus meiner Sicht all die menschlichen Reichtümer aus der Welt der Bangangté zu beschreiben, die ein Weißer sonst nur erahnen könnte und die ein Besucher auf der Durchreise kaum zu Gesicht bekommt.

Alles, was ich hier erzählen werde, betrifft ausschließlich mich selbst. Ich habe nie wissenschaftliche Recherchen über die Sitten und Gebräuche der Bangangté betrieben. Es genügte mir, hier zu leben. Um jedoch meinen Platz in der Gemeinschaft zu finden, musste ich mich informieren, Fragen stellen und Standpunkte beziehen.

Ich werde mich also auf meine eigenen Erfahrungen beschränken. Und ich spreche nur von meinem »Dorf«. »Dorf« ist ein typisch kamerun-französischer Ausdruck, der zweifellos noch aus der Kolonialzeit stammt. »Wohin gehst du denn?«, fragt man einen Vorbeigehenden, den man auf der Straße trifft. »Ich gehe zurück ins Dorf«, lautet die Antwort. Dorf meint dabei zugleich den Heimatort, den Hof des Stammesführers und manchmal auch die Stadt, in der man geboren wurde. Das Dorf ist der Inbegriff der eigenen Wurzeln, das Tiefste, das jeder in sich trägt. Es ist die Verbindung zwischen den Lebenden und den Toten.

In meinem Dorf verstehen sich die Dinge von selbst. Niemand kommt auf die Idee, das Warum, das Wie oder die Ursachen irgendeines Verhaltens zu erklären. Fragten westliche Besucher, Touristen oder gar Journalisten den Stammesführer zum Beispiel nach den Hintergründen eines Brauches, so erfand er irgendwelche Geschichten, und seine Antwort war völlig aus der Luft gegriffen. Er tat dies jedoch nicht, um seinen Gast zu täuschen oder sich über ihn lustig zu machen, sondern einfach um dessen – in seinen Augen unverständliche – Neugierde zu befriedigen.

Ich selbst versuchte, meinen Gästen auf ihre Bitten um Erklärungen möglichst wahrheitsgetreu zu antworten. Allerdings verspürte ich mehr als einmal den Wunsch, ihnen auf ihre ewigen Fragen »Warum macht man dies hier so oder so?« wie den Kindern aus Bangangté zu antworten: »Benutzt eure Augen.«

Durch Beobachtung lernen und die Dinge von allein verstehen, das ist die Haupteigenschaft der Menschen aus meinem Dorf – eine Eigenschaft, die ich nur schwer erlangt habe, da ich noch so sehr in der westlichen Denkweise gefangen war, die alles erklären und mit dem Verstand erfassen will und Türen einrennt, um zu wissen, was dahinter liegt. Die Bangangté lassen die Dinge auf sich zukommen. So öffnen sich die Türen von ganz allein, und die Menschen erleben die Realität als eine selbstverständliche Gewissheit, in die sie sich reibungslos und ohne Angst fügen: Sie sind ein Teil davon. Dem liegt weder eine abwartende Haltung noch ein Mangel an Neugier zugrunde, sondern einfach Geduld.

Geduld ist die Kardinaltugend der Menschen meines Dorfes. Dies setzt ein Zeitverständnis voraus, das sich radikal von westlichen Vorstellungen unterscheidet. Zu spät oder zu früh kommen sind unbekannte Begriffe. Es existiert weder eine richtige Zeiteinteilung noch irgendeine Form von Planung. Der Zeitablauf – der wahre Rhythmus – richtet sich nach Tag und Nacht, Regen und Sonne, den Jahreszeiten und der Natur. Denn dieses Bauernvolk ist tief mit seiner Umgebung verwurzelt. Aber kann man überhaupt von »Umgebung« sprechen? Wir sind Teil der Natur, sie umgibt uns nicht, sondern sie ist »wir«. Und wir sind »sie«. Natürlich bearbeiten, bewirtschaften, erschließen und bebauen wir sie. Wir tun dies jedoch auf die gleiche Art, wie ein Vogel sein Nest baut.

Die Kolonialzeit, die Christianisierung und später die Bürgerkriege, die der Unabhängigkeit folgten, und auch die Einfuhr westlicher Produkte haben zwar einige Dinge in meinem Dorf durcheinander gebracht. Doch japanische Allradfahrzeuge, schwarze Brillen, Sodaflaschen, Pfennigabsätze und das T-Shirt mit dem Aufdruck »University of Tennessee« prägen nur das äußere Erscheinungsbild eines Menschen. Hat man uns diese Dinge aufgezwungen? Was soll's, nehmen wir sie ruhig an, wenn es Spaß macht.

Andere bedeutsamere Erscheinungen hätten die Kultur und die Gesellschaft von Bangangté bedrohen können. Die kamerunischen Großstädte Jaoundé und Douala sowie die Metropolen Europas und Amerikas waren Jahrzehnte lang Anziehungspunkte für eine Großzahl junger Menschen. Doch die durch die traditionellen Riten und Gebräuche äußerst starken Bindungen untereinander konnten die Gemeinschaft zusammenhalten und sie vor dem Zerfall bewahren. Dank dieser Bindungen hat jeder auf ideale Weise seinen Platz in der Gesellschaft von Bangangté: innerhalb der Familie, der Gruppe, seiner Verwandtschaft, am Hof des Stammesführers und am Ort seiner Geburt. So wird auch die Achtung vor den Vorfahren und vor allem vor der Natur, die uns ernährt, gefördert.

Sind es vielleicht diese starken Bande, die mich in das Land meiner Kindheit zurückkehren ließen, obwohl mein Leben in Frankreich schon vorgezeichnet zu sein schien? Habe ich deshalb fast mühelos meine Bangangté-Sprache wiedergefunden, die ich schon lange vergessen glaubte? Liegt es an der Verwurzelung – im wahrsten Sinne des Wortes – mit diesem Fleckchen Erde, die mich trotz aller kulturellen Hindernisse den Stammesführer heiraten und mit ihm zwei Kinder haben ließ? Jedenfalls habe ich im Laufe der Zeit ohne Mühe wieder gelernt, so wie die Menschen hier zu leben: im gleichförmigen Rhythmus der Jahreszeiten und in Harmonie mit der Natur. Ob ich etwas von den wertvollen Eigenschaften der Menschen meines Landes, ein wenig von ihrer Weisheit annehmen konnte? Die Antwort auf diese Frage liegt sicher nicht bei mir.

Ich hoffe jedoch, dass die Menschen in der westlichen Welt durch dieses Buch vor allem die Lebensart dieses Volkes, in das ich hineingeboren wurde und zu dem ich zurückgefunden habe, seine Sichtweise von Leben und Tod und seine Achtung vor der Umwelt besser verstehen und akzeptieren. Vielleicht können sie sogar etwas Weisheit für sich selbst daraus gewinnen.

Als ich vor 25 Jahren nach Bangangté an die Schule von Mfetom, deren Direktorin ich war, zurückkam, fand ich in Matcha eine gute Freundin. Sie war nicht nur eine Freundin, sondern zugleich eine Lehrerin, die mir die Lebensweise der Menschen aus dem Dorf meiner Kindheit wieder nahe brachte.

Als sie mich das erste Mal zum Markt mitnahm, war ich überrascht und sogar verärgert darüber, dass sie mich allen, ungeachtet ihres Alters, mit »Mama« oder als »die Mutter« vorstellte. Ich war gerade 31 und einige meiner Gesprächspartner waren bestimmt doppelt so alt. Erst bei unserer Rückkehr in die Schule erklärte sie mir den Grund für ihr Verhalten:

»Wann hörst du endlich auf, mich bei allen mit ›Mutter‹ vorzustellen?«

Nach langem Schweigen antwortete sie mir:

»Du stellst zu viele Fragen. Beobachte die anderen und mach es wie sie. Dann wirst du ohne Erklärungen verstehen. Was nützt es dir zu wissen, warum etwas auf eine bestimmte Art und Weise gemacht wird, wenn du es nicht lebst? Und ein für alle Mal: Ob du es willst oder nicht, du bist die Mutter von allen hier, und zwar durch die Verantwortlichkeiten, die du von deinen Eltern ererbt hast. Eine Schule zu führen, die so viele hoch gestellte Persönlichkeiten hervorgebracht hat, gibt dir eine privilegierte Stellung innerhalb der Bevölkerung durch die Wertschätzung, die deinem Vater und deiner Mutter entgegengebracht wurde. Du musst die Achtung, die man dir entgegenbringt, annehmen, denn es gehört zu deiner Position, dass man sie dir entgegenbringt. Es ist deine Aufgabe, dich ihrer würdig zu erweisen. In gewisser Weise wurdest du zu dem, was deine Eltern waren. Du bist dir sicher nicht über ihre Ausstrahlung im Klaren, die ihnen zugute kam. Und zwar nicht nur in Bangangté, wo sie die erste Mädchenschule Kameruns aufgebaut haben, sondern auch in weiten Teilen des Bamiléké-Landes, wo dein Vater mehrere Gemeinden betreute. So wurde die Sympathie und das Ansehen, die sie genossen, auf dich übertragen. Du bist zwar ihre Tochter, doch zugleich auch die Erbin von allem, was sie repräsentieren.«

Wie jedes Mal, wenn Matcha mir die Lebensweise von Bangangté erklärte, hatte ich den Eindruck, als ob sich ein Nebelschleier in meinem Kopf auflöste. In meinem Unterbewusstsein waren all die Werte der Welt meiner Kindheit gespeichert, ich hatte sie jedoch während der 18 Jahre in Frankreich vergessen, wo jeder meiner Handlungen eine wohl überlegte Erklärung zugrunde lag.

»Erinnerst du dich an den alten Herrn, den wir zu Beginn getroffen haben?«, fuhr sie fort. »Hast du bemerkt, wie er sich bei dir für deine Rückkehr bedankt hat, indem er dich ›Mama‹ nannte? Nun, er ist ein Würdenträger am Häuptlingshof und gleichzeitig ein Heiler mit einem ausgezeichneten Ruf.«

Ich konnte nicht umhin anzumerken, dass die Kleidung dieses Würdenträgers nicht unbedingt dem

Rang einer so hoch gestellten Persönlichkeit entsprechen würde.

»Die Achtung, die man jemandem entgegenbringt, richtet sich nicht nach seiner äußeren Erscheinung. Die beweist gar nichts. Sie richtet sich vielmehr nach seiner inneren Ausstrahlung, nach seiner Fähigkeit, andere durch sein Vorbild zu leiten und nicht durch seine Worte. Als er von meinem Feld und meinen Ernteerträgen redete, als ob uns dies alles gemeinsam gehörte, verband sich dies mit der Vorstellung, dass auf dieser Erde, wo wir uns nur auf der Durchreise befinden, niemandem etwas gehört. Wenn ich daher eine reiche Ernte habe, so ist dies ein Geschenk, das Gott mir macht, damit ich sie mit meiner Familie verzehren kann, aber auch mit allen anderen in meiner Umgebung. Natürlich ist diese Fülle das Ergebnis meiner Arbeit. Sie ist jedoch ebenfalls ein vergängliches Glück, das mir nicht immer gewährt wird. Jeder weiß intuitiv, dass er eines Tages seine Mitmenschen brauchen wird. Sprechen wir also von etwas, das einem anderen gehört, als ob es unser Eigentum wäre, so drücken wir damit nur aus, dass alles, was wir haben, im gleichen Maße auch dem anderen gehört.«

Mit einem Mal erschien mir alles so einfach. Ich fühlte mich wohl und schläfrig. Ich empfand eine mütterliche Liebe für all die Menschen, die mich gegrüßt hatten. Matcha hatte aufgehört zu reden; sie war eingeschlafen. Die Stille hinderte mich daran, es ihr gleichzutun. Erinnerungen an meine Kindheit in Bangangté überkamen mich. Ich fühlte mich von einer großen Weite ergriffen und mir wurde bewusst, dass ich mich erst am Anfang meiner Lehrzeit befand.

Die inneren Werte zählen

Es sind unsere Augen, die uns täuschen.

»Was macht man hier eigentlich, wenn die Arbeit getan ist?«, fragen mich manchmal europäische Besucher.

Ich spüre sehr wohl, dass sich dahinter andere Fragen verbergen: »Sie gehört doch dem französischen Kulturkreis an und hat studiert, wie hält sie es nur ohne Theaterbesuche, Ausgehen und sogar ohne Fernsehen aus? Wie langweilig muss das Leben in Bangangté manchmal sein!« Ich kann jedoch versichern, dass ich bislang nicht einen Moment lang den Wunsch verspürte, in das Land meiner Vorfahren zurückzukehren. Und ich langweile mich nie.

Selbst die Bangangté, die in die zwei großen Metropolen Kameruns, nach Douala und Jaoundé, gezogen sind, haben keine sehr hohe Meinung von den Freizeitmöglichkeiten ihres Geburtslandes. Daher laden sie, als ob sie ihnen zu Hilfe kommen wollten, von Zeit zu Zeit meine Kinder zu sich ein, damit sie sich in der Stadt vergnügen können:

»Im Dorf ist nichts los. Was macht ihr an euren freien Abenden? Ihr müsst raus, unter die Leute. Es ist ganz schön, ab und zu in Bangangté zu sein, aber man kann doch nicht das ganze Leben dort verbringen.«

Es stimmt, dass es bei uns nicht viel gibt, um sich zu amüsieren: kein Kino, kein Theater, auch keine Museen oder andere Freizeitmöglichkeiten. Auf den ersten Blick gibt es hier eigentlich überhaupt nichts: keine Bäume am Straßenrand, um dich vor den Sonnenstrahlen während der heißesten Tageszeit zu schützen; keine Blumenbeete auf den Verkehrsinseln, die nur durch riesige, flach auf den Boden gelegte Autoreifen gekennzeichnet sind und um welche die Autos in Haarnadelkurven herumfahren; weder ein öffentlicher Park noch ein städtisches Schwimmbad, auch keine historischen Bauwerke, die zu besichtigen wären. Es bleibt nur das Notwendigste: Verwaltungsgebäude, ein Krankenhaus, ein Fußballplatz und ein Parteizentrum, das man für Feste mieten kann.

Ein Besucher, der zum ersten Mal nach Bangangté kommt, erreicht das Dorf über eine breite, zweispurige Teerstraße, die ihm zunächst einen Eindruck von Leere und Unordnung vermittelt. Ein paar Hochhäuser – meist unvollendet – stehen am Rand dieser zentralen Verkehrsader, die dem Verlauf des Hügelkammes folgt. Plötzlich steht der Fremde am Rathaus, im Herzen der Siedlung. Kann man bei diesen mit Gestrüpp bewachsenen Grundstücken, auf denen ein paar Schafe weiden, die an einem Seil angebunden sind, überhaupt von einer Siedlung sprechen? Haben die Besitzer dieser Grundstücke beziehungsweise ihre Erben vielleicht nicht die nötigen Mittel gehabt, sie zu bebauen, so dass diese Stadt einem weitläufigen Brachland ähnelt?

An den Abhängen des Hügels, an denen die Stadt sich ausgebreitet hat, liegen zu beiden Seiten dieser Hauptachse die Wohnviertel. Die ungeteerten Straßen aus roter Erde, die dorthin führen, sind jedoch so steil, dass es nicht sehr ratsam ist, sie nach einem Regenguss mit dem Auto zu befahren. Es scheint, als ob jeder in dieser Gegend sein Haus so gebaut hat, wie er konnte und wollte, ohne sich nach den Anweisungen eines Städteplaners richten zu müssen. Die einzige Gemeinsamkeit besteht darin, dass es überall einen Garten gibt, in dem einheimisches Gemüse und andere essbare Pflanzen wachsen. Selbst um öffentliche Gebäude herum werden – anstelle von dekorativen Rasenflächen und Blumenrabatten – Mais, Erdnüsse, Bohnen und anderes angepflanzt.

Unterhalb des früheren Kinos, das jetzt als Bierauslieferungslager dient, erstreckt sich der Lebensmittelmarkt. Es wurden zwar Verkaufsräume aus Beton gebaut, sie sind jedoch zu klein. Daher müssen die Waren im Freien verkauft werden. Den Launen des Wetters ausgeliefert, bei Sonne oder Regen, werden die Früchte der Mutter Erde auf einer Unterlage aus Bambus und Palmblättern zum Verkauf angeboten.

Was die übrigen Einkaufsmöglichkeiten angeht, so ist in Bangangté alles zu finden – selbst wenn man warten muss, bis der Zufall einem just den Hausierer vor die Tür schickt, der in dem regelrechten Warenlager, das er auf seinem Kopf trägt, gerade den Gegenstand dabei hat, den man brauchte. Nun gut, ich übertreibe ein wenig. In den letzten Jahren sind einige Geschäfte eröffnet worden, die besser sortiert sind als früher. Nicht zu vergessen auch die Restaurants, die Hotels, zwei Apotheken und zwei Bäckereien … Trotzdem: Auf den ersten Blick – nachdem der allererste »malerische« und »exotische« Eindruck, der bei einem Bummel über den Markt entsteht, verblasst ist – wirkt Bangangté auf einen Europäer weder wie eine Stadt noch wie ein Dorf, sondern vielmehr wie eine Art Wüstenlandschaft, der jegliche Merkmale einer westlichen Stadt fehlen und in der planlos erbaute Häuser und Bungalows auftauchen. Hinzu kommt noch die oft sehr nachlässige Kleidung, die augenscheinliche beschauliche Trägheit der Menschen, die Art, sich nicht gegen die Gefahren, die uns umgeben, abzusichern. Aus alledem könnte man leicht schließen, diese Menschen seien seltsam, wunderlich, komisch oder gar faul, schmutzig und leichtfertig.

Hier in Bangangté muss man sich Zeit nehmen, viel Zeit, bevor man versteht, warum und wie die Menschen meines Landes, meines Dorfes auf diese Art und Weise leben – und größtenteils gut leben. Verhalten, Lebensstil, Mentalität, soziale, familiäre und sogar Liebesbeziehungen, all dies unterscheidet sich so sehr von Europa. Es ist anders, aber nicht schlechter, wie in der Vergangenheit so oft behauptet wurde und teilweise immer noch wird … Wer weiß, ob diese Verschiedenheit den anderen nicht ein wenig mehr geben kann. Vielleicht ein wenig mehr Weisheit.

»Es sind unsere Augen, die uns täuschen«, *miag pen ben nke fù pen*. Mit ihnen können wir nur Tatsachen feststellen, ohne die tieferen Ursachen zu verstehen, die dem, was wir sehen, zugrunde liegen. Wir nehmen nur wahr, ohne die Beweggründe zu erkennen, welche die anderen dazu veranlasst haben, ihre Umgebung anders zu gestalten als wir. Dabei erfahren wir nicht, warum sie anders handeln und reagieren. Es sind unsere Augen, die uns a priori vorschnell urteilen lassen und uns daran hindern, spontan am Leben derer teilzuhaben, die nicht die gleiche Erziehung und die gleichen Gewohnheiten haben und die die Dinge nicht so betrachten wie wir. Auf Französisch würde man vielleicht sagen: »*Il ne faut pas se fier aux apparences*« (»Man sollte sich nie auf Äußerlichkeiten verlassen.«); allerdings ist diese Übersetzung zu schwach, denn das Sprichwort der Bangangté ist eine Aufforderung an jeden von uns, unsere Sinne und unsere eigene Sicht der Dinge in Frage zu stellen, um somit unser Umfeld besser begreifen, würdigen und schätzen zu können.

Da sie gewohnt sind, Äußerlichkeiten zu vernachlässigen, um dahinter die tiefere Wahrheit ihres Gegenübers zu verstehen, fällt es den Bangangté unglaublich leicht, verborgene Absichten zu erkennen. Sie sehen dich so, wie du bist, und nicht so, wie du gern erscheinen möchtest.

Es klingt vielleicht paradox, diese Fähigkeit wurde mir jedoch ausgerechnet an einem Ort bewusst, an dem alles Schein, alles Fiktion ist: in einem Kinosaal in Douala. Es geschah kurz nach meiner Rückkehr nach Kamerun. An den Titel des französischen Films, den ich damals sehen wollte, kann ich mich nicht mehr erinnern. Alles begann wie eine normale Vorstellung in Frankreich. Dann vernahm man in der Dunkelheit einige Kommentare – als ob es eine Weile brauchte, bis sich die Atmosphäre entspannte. Nach und nach waren immer mehr Äußerungen zu hören, bis sich das Schauspiel, zumindest für mich, nicht mehr auf der Leinwand, sondern im Saal abspielte. Die Zuschauer ergänzten die Dialoge, kritisierten die verschiedenen Charaktere, beklatschten begeistert die Argumente, die ihnen am treffendsten erschienen, unterstützten lautstark gute Absichten, machten sich über diejenigen, die vielleicht eher Mitleid erregen sollten, lustig und lachten über sentimentale Figuren. Die Kommentare jedes einzelnen verhinderten, dass ich der Handlung des Filmes und den Ausführungen der Darsteller folgen konnte. Die pathetischsten Momente lösten allgemeine Heiterkeit aus. Und ich war nicht einmal die Letzte, die in Gelächter ausbrach, obwohl ich in Frankreich bestimmt von der Stimmung des Filmes gefangen genommen worden wäre, der – soweit ich es beurteilen konnte – traurig und ergreifend sein sollte. Kurz: Die Handlung ging völlig an mir vorbei und hinterließ weder einen guten noch einen schlechten Eindruck. Ich kann nicht einmal mehr sagen, ob es sich um einen Kitschfilm oder ein Meisterwerk handelte. Das Einzige, woran ich mich erinnere, ist die gute Laune, der Humor und die Lebensfreude, die während der gesamten Vorstellung herrschten. Ich fühlte mich ebenso wohl wie nach einem netten Abend unter Freunden; ich hatte viel gelacht, obwohl das vom Regisseur sicher ganz und gar nicht beabsichtigt war. Die Zuschauer schauten über das, was er vermitteln wollte, weit hinaus: zu den tieferen Beweggründen der einzelnen Personen. Dabei waren sie sich immer bewusst, dass in diesem Kinosaal in Douala, auf der weißen Leinwand, alles nur Fiktion, nur Schein war.

Hinter die Fassade von Dingen und Menschen sehen zu können, um ihr tieferes Wesen zu verstehen, erfordert ein großes Maß an Geduld und Beobachtungsvermögen. Beide Eigenschaften besitzen die Bangangté zur Genüge.

Ne ze nu, »beobachten, was passiert«. Sagt man von jemandem: *ze nu tu i là,* »er hat den Kopf voller Beobachtungen«, so stellt man ihn damit als besonders klug dar. Er gilt als ein Mensch, der den Ereignissen in seinem Leben wohl überlegt und vor allem mit der nötigen Distanz begegnet. Seine Urteilskraft hat dabei nichts mit Bücherwissen zu tun und misst sich nicht an der Anzahl der Diplome. Er schöpft sein Wissen vielmehr aus den Erfahrungen, die er im Laufe seines Lebens gemacht hat, indem er einfach die Wirklichkeit akzeptierte und sich entsprechende Lösungen für seine Probleme ausdachte.

In Bangangté werden Kinder wie Erwachsene nachdrücklich ermahnt, nicht zu handeln, ohne zuvor die Folgen ihres Tuns zu bedenken: »Warte erst einmal«, bekam ich unzählige Male zur Antwort, wenn ich eine erfahrene Person um ihre Meinung bitten wollte, weil ich nicht wusste, welche Entscheidung ich treffen sollte.

Diese Vorgehensweise erfordert viel Zeit und man darf nicht die Geduld verlieren: »Wohin musst du, dass du es so eilig hast?«, wird der Kunde gefragt, der sich aufregt, weil er seiner Meinung nach nicht schnell genug bedient wird.

Die Sprichwörter, die besagen, dass man durch Eile eher verliert, sind zahlreich: »Willst du ein ganzes Feld mit einem einzigen Bananenschössling auf der Schulter, so kann es sein, dass du bei einem Vampir landest.« Ich möchte diesen Satz kurz erklären, doch zunächst Folgendes präzisieren: Das Wort »Feld« sollte hier besser mit »Zuteilung von Land« übersetzt werden, da das Land in Bangangté kein Privatbesitz ist, sondern demjenigen, der es durch einen Mittelsmann beim traditionellen Stammesführer beantragt, von der Gemeinschaft »zugeteilt« und zur Bewirtschaftung überlassen wird.

Das Sprichwort besagt also, dass eine solche Zuteilung etwas auf sich warten lassen kann, hier wird nicht improvisiert. Die Rede ist von einer Person, die es so eilig hat, dass sie einen Bananenschössling mit sich herumträgt, um diesen sogleich einzupflanzen, sobald sie einen idealen Platz gefunden hat. Ein Bananenbaumschössling ist jedoch schwer, und so wird der Eilige auf seiner Suche – müde von der Last – den Schössling schließlich irgendwo einpflanzen und das Risiko eingehen, diese vorschnelle Tat später zu bereuen. Diese Redensart wird oft gebraucht, um junge Leute, die es mit dem Heiraten eilig haben und die verschiedenen Abschnitte der Verlobungszeit als unnötig ansehen, zu etwas Geduld aufzufordern. Die Abschnitte der Verlobunsgzeit dienen dem Kennenlernen und der gegenseitigen Beobachtung, bevor die Entscheidung getroffen wird, sich fest aneinander zu binden – oder es sein zu lassen.

Im Allgemeinen gilt es abzuwarten, wenn eine Situation unklar ist und eine Lösung nicht auf der Hand liegt; der Zeitpunkt der Entscheidung ist einfach noch nicht gekommen. Man sollte den Moment einfach durchleben und ohne Eile die Auflösung abwarten: Zu geeigneter Zeit wird sie sich von selbst ergeben. Meine Mutter pflegte immer zu sagen: »Die Nacht bringt Rat ... Man muss die Dinge sich setzen lassen.« In Bangangté verhält man sich jedoch nicht nur ab und zu, sondern grundsätzlich nach dieser Regel. Bittest du jemanden um einen Gefallen, so wirst du nicht selten aufgefordert, am nächsten Tag oder einige Tage später wiederzukommen. Erst dann erhältst du endlich eine Antwort – welche jedoch nicht unbedingt positiv ausfallen muss. Sich in solchen Fällen aufzuregen gilt als unhöflich und kann das weitere Vorgehen scheitern lassen. Übrigens kommt eine zu prompte Antwort sogar dem Bittsteller selbst verdächtig vor und wird bei ihm ein ungutes Gefühl hinterlassen. Er wird sich beispielsweise fragen: »Warum hat man mir so schnell geantwortet? Hat man vielleicht schon erwartet, dass ich um Rat fragen würde? Werde ich etwa mit vorgefertigten Antworten abgespeist? Hat man überhaupt über meine Frage nachgedacht?«

Sich Zeit zum Leben zu nehmen ist eine goldene Regel, die man in allen Lebenslagen und zu jeder Tages- und Jahreszeit wiederfinden kann. Die besten Beispiele hierfür sind die gegenseitigen Besuche.

Anfangs, als ich noch Schulleiterin war, ließ ich meine Besucher im Salon Platz nehmen, bot ihnen etwas zu trinken an und setzte mich zu ihnen, um zu plaudern. Man brachte mir Bananen, Hühner, gekochte Mahlzeiten, und meine Küche füllte sich, ohne dass ich wusste, was ich mit all den Lebensmitteln machen sollte. Am Ende verbrachte ich meine Tage hauptsächlich im Salon. Allmählich wurde dies nicht nur anstrengend, sondern es ging mir auch auf die Nerven.

Und wieder einmal war es Matcha, die mir zu Hilfe kam:

»Die Leute besuchen dich«, erklärte sie mir, »um dich entweder um einen Gefallen zu bitten, oder um sich bei dir für etwas zu bedanken, oder einfach, um dir hallo zu sagen. Du musst nicht bei ihnen sitzen bleiben und dich zwanghaft mit ihnen unterhalten. Du kannst ihnen etwas zum Trinken servieren oder auch nicht, aber gehe weiter deinen Tätigkeiten nach. Irgendwann werden sie dich dann rufen, um dir ihr Anliegen mitzuteilen. Du kannst ihnen antworten, was du willst, da du zu nichts verpflichtet bist. Handelt es sich um jemanden, der dir nahe steht, wirst du dich nicht weiter um ihn kümmern müssen, denn er weiß, dass er hier zu Hause ist. Er ist gekommen, um durch seine Anwesenheit die Stimmung im Haus zu beleben. Er wird sich nicht zieren, sondern es sich wie bei sich zu Hause gemütlich machen. Niemand wird es stören, dass du weiter deine Arbeiten erledigst; jeder weiß ja, dass du sehr beschäftigt bist.«

Laut Matcha genügte es demnach, ganz natürlich zu bleiben. Ich sollte die Leute, die zu mir kamen, wie das Leben hier nehmen, das heißt mit Freude, jedoch ohne mich zu zwingen, dem anderen eine Freude zu machen. Trotzdem brauchte ich geraume Zeit, um zu begreifen, dass gegenseitige Besuche hier in meiner Wahlheimat ein Lebensziel an sich darstellen: Die Besucher erwarten nichts Besonderes und kommen daher ohne Anmeldung, sooft sie wollen und zu allen möglichen Tageszeiten. Dies verpflichtet jedoch nur den Besucher. Auf Bangangté sagt man: »Die Familien, die sich nicht gegenseitig besucht haben, sind verschwunden.« Denn ohne Austausch und soziale Kontakte können keine Bindungen entstehen, kein Kitt als notwendige Grundlage für jede menschliche Gesellschaft.

Die Angst zu stören kennt man nicht. Manchmal wurde schon vor sechs Uhr morgens an meine Tür geklopft:

»Claude (beziehungsweise »*Ntechun*« oder »Mutter«, je nachdem, wer mich weckt), ich möchte ein wenig bei dir sein.«

Ich stehe also, mir verschlafen die Augen reibend, auf. Manchmal kenne ich nicht einmal den oder die Besucher, die da vor mir stehen. Im Allgemeinen beginnt die Unterhaltung in vorwurfsvollem Ton:

»Ich wusste nicht, dass du noch geschlafen hast.«

Daraufhin stammle ich im Halbschlaf eine Erklärung, dass ich sehr spät ins Bett gegangen sei oder irgendetwas anderes. Warum man mich so rücksichtslos aus dem Schlaf reißt, macht mich immer ratlos, da in der Regel nichts Dringendes vorliegt. Es passte einfach besser um diese Uhrzeit und man sah keinen Grund, warum es mich stören sollte. Es wäre völlig vergebens, darum zu bitten, in Zukunft später zu kommen. »Später« ist ein Begriff, der überhaupt keine Bedeutung besitzt. In Bangangté existiert keine Zeitvorstellung, das Leben richtet sich nicht nach der Uhr. Man besucht sich jederzeit, ohne Fragen zu stellen.

Manchmal, wenn ich zu Matcha kam, saß dort jemand – jung oder alt – in einer Ecke des Wohnzimmers. Während der ganzen Zeit meines Besuches blieb er da sitzen, ohne zu sprechen oder irgendetwas zu tun. Brauchte ich Matcha wegen irgendeines Problems, dann gingen wir zusammen hinaus. Häufig fanden wir bei unserer Rückkehr die Besucherin in derselben Position vor. Aßen wir, erhielt auch sie eine Mahlzeit. Von Zeit zu Zeit erkundigte sich Matcha nach den Neuigkeiten aus der Familie, wie es den Kindern gehe, den Eltern usw. Die Besucherin antwortete, sprach aber nicht von sich aus. Dann – nach ein oder zwei Stunden – stand sie auf. Hatte sie Nahrungsmittel oder ein Geschenk in einer Tasche mitgebracht, gab man ihr diese, gefüllt mit einem anderen Geschenk, zurück. Wer mit leeren Händen gekommen war, ging auch wieder so. Beim Aufstehen sagte die Besucherin: »Ich bin lange geblieben, jetzt werde ich wieder nach Hause gehen. Ich bin nur gekommen, um mir die Zeit zu vertreiben.« Sie hatte also nur vorbeigeschaut, um hier einen Moment zu verbringen, ohne von irgendjemand etwas zu wollen, einfach um eine andere Atmosphäre in sich aufzunehmen und Neuigkeiten zu erfahren.

Es ist ein Recht, jemanden zu besuchen. Dabei ist es nicht nötig, seine Ankunft anzukündigen, zum einen weil viele von weit her kommen und es in den Häusern häufig keine Telefone gibt. Zum andern weil die Anwesenheit ja gar nicht stören kann, da der Besucher nichts von einem verlangt – nicht einmal, dass man mit ihm spricht, wenn man ihm nichts zu sagen hat. Er bleibt, solange er will, da es ja seine Zeit ist, die er verbringt. Übrigens gilt es als unhöflich, den anderen nach einer Weile zu fragen: »Was willst du?« oder gar: »Brauchst du etwas?«

Denn das würde bedeuten, dass man ihn nun lange genug gesehen hat und möchte, dass er wieder geht. Gelegentlich verschwand Matcha für längere Zeit. Sie kündigte dies dann mit den Worten an:

»Ich komme wieder, ich begleite Ntechun.«

»Wer ist das?«, fragte ich, erstaunt über die schweigende Gegenwart ihres Besuches.

Sie erklärte mir, es handele sich um eine Kusine oder wen auch immer.

»Und du lässt sie allein?«

Schließlich verstand ich, dass es nicht darum geht, mit der Person, die man besucht, zusammen zu sein, sondern darum, sich bei ihr zu Hause aufzuhalten und eine kurze oder auch längere Zeit lang an dem Leben, das sie mit ihrer Umgebung führt, teilzuhaben. Der »Fremde«, wie man hier sagt, kann sogar – je nachdem, wie groß die Freude über seine unerwartete Anwesenheit ist – dazu gedrängt werden, mehrere Tage zu verweilen, auch wenn er nur vorhatte, höchstens einen halben Tag zu bleiben.

Während ich am Hof des Stammesführers lebte, empfingen meine Mitfrauen und ich alle Besucher, die ihn sehen wollten. Er musste seinem Volk, seinen Freunden oder Fremden rund um die Uhr zur Verfügung stehen. Im Gegenzug gab es keine festen »Audienz«-Zeiten und unser Ehemann konnte entscheiden, wann und ob er sich mit seinen Gästen unterhalten wollte. Daher kam es häufig vor, dass man gewisse Leute mehrere Tage hintereinander kommen sah, entweder weil der Stammesführer mit den Worten »Ich komme gleich« weggegangen und erst mitten in der Nacht zurückgekehrt war, oder weil er den Tag damit verbracht hatte, sich mit anderen zu unterhalten. Wenn ich sie am nächsten Morgen ihre Wartezeit wieder antreten sah, sagte ich ein paar freundliche Worte zu ihnen und bat sie um etwas Geduld. Sie antworteten mir:

»Das müssen wir durchhalten. Wir wissen keine andere Lösung.«

Nie habe ich auch nur einen Einzigen dieser Besucher die Geduld verlieren sehen.

»Die Welt ist kompliziert. Geben wir uns damit zufrieden, sie zu erleben.« Dieser oft wiederholte Satz, der als ein Zeichen von Machtlosigkeit, von Fatalismus interpretiert werden könnte, drückt in Wirklichkeit eine Lebenseinstellung aus, die mir mehr als einmal – während der dunkelsten Momente meines Lebens – als Rettungsring diente. Er fasst die Haltung der Bangangté gegenüber den Gegebenheiten des Lebens zusammen: Sie betrachten sie als unverständlich, machen jedoch das Beste daraus, da sie den Lauf der Dinge nicht ändern können. Im Alltag führt diese Sichtweise dazu, glückliche wie unglückliche Ereignisse als eine Fügung des Schicksals anzunehmen. Man ist niemandem böse, da es einfach so kommt, wie es kommen muss. Auch der andere ist nur ein Werkzeug des Schicksals und darum für seine Handlungen nicht verantwortlich. Die Bangangté lassen Schwierigkeiten geschehen, sie kämpfen nicht dagegen an.

Einer ihrer wichtigsten Lebensgrundsätze besteht darin, sich die nötige Zeit zu nehmen, bis die Angelegenheiten sich von selbst klären. Das heißt jedoch nicht, passiv abzuwarten, ohne etwas zu tun. Sich Zeit lassen bedeutet nicht, untätig zu verharren. Zahlreiche Redewendungen und Sprichwörter machen sich über die Faulen lustig, die zu der Meinung neigen, es genüge, Gott um etwas zu bitten, damit er ihre Wünsche erfüllt:

»Überlasse deine Füße nicht den Sandflöhen, um die anderen glauben zu machen, Gott hätte dich nicht lieb.« Sandflöhe sind Parasiten, die sich unter der Haut an Füßen und Händen einnisten. Werden sie nicht rechtzeitig entfernt, legen sie Tausende von Eiern und vermehren sich auf diese Weise mit sehr großer Geschwindigkeit. Der Faule sollte die anderen daher nicht zu der Annahme verleiten, er sei durch Unglück in eine missliche Lage geraten – und sich dies auch nicht selbst einreden.

Dennoch ist diese Vorstellung von Unglück in Bangangté sehr verbreitet. Nach Aussagen der Betroffenen hat es allerdings nicht immer die gleiche Wucht und die gleiche Erscheinungsform.

Es gibt da zunächst das »unechte« Unglück. Es entsteht allein durch die Faulheit des angeblichen Unglücksraben, der sich den Sandflöhen überlässt. Von dieser Faulheit kann man sich leicht befreien. Es genügt, sich einfach an die Arbeit zu machen.

Demgegenüber gibt es auch den Glauben an das »echte« Unglück. Es entsteht durch einen Fluch der Vorfahren, die sich über mangelnde Beachtung von Seiten des Unglücklichen ärgern. Solch ein Unglück kann durch die heilsame Rückkehr zu den Wurzeln abgewendet werden. Dazu gilt es, die Ansprüche der Ahnen mit Hilfe entsprechender Rituale zufrieden zu stellen.

Es gibt eine weitere Form »echten« Unglücks, von dem man sich befreien kann, indem man es jemand anderem überträgt. Dies ist zum Beispiel dann der Fall, wenn man vor einer kritischen Situation, etwa einer Prüfung, steht. Um das Unglück des Scheiterns auszuschließen, geht der umsichtige Kandidat zu einem *ngaka*, einem »Seher« beziehungsweise Zauberer. Dieser Mann, der übernatürliche Kräfte besitzt, führt ihn zu einer Wegkreuzung. Dort wäscht er das Unglück von seinem Patienten ab, indem er eine Kürbisflasche zerbricht, die einen Arzneitrank, ein paar wertlose Geldstücke, Kaurimuscheln und einen Zweig des Friedensbaumes enthält. All diese Dinge werden an diesem Ort liegen gelassen, in der Hoffnung, ein geldgieriger Passant werde das Geld aufsammeln und so das Unglück mit sich nehmen.

Schließlich bleibt noch das Unglück, das sich nicht »wegwaschen« läßt – zumindest wird dies von den Betroffenen behauptet. Es handelt sich um ein Unglück, gegen das man machtlos ist, *lin ke ndon*, da es zum Schicksal einer Person gehört. Gemeint sind damit die Menschen, welche von Natur aus vom Pech verfolgt sind und denen einfach nichts gelingt. Vergeblich führen sie ganz gewissenhaft die vorgeschriebenen Rituale über den Gräbern ihrer Vorfahren aus und bemühen sich nach Kräften, ihre Situation zu ändern – doch es ist nichts zu machen: Die Pechsträhne reißt nicht ab. Auch ein Besuch bei einem *ngaka*, der höhere Mächte mobilisieren könnte, ist umsonst. Weder mehrfache Kopfwaschungen – mit Wasser, in das eine Handvoll Erde gemischt wurde, die von einer Wegkreuzung oder vom Marktplatz stammt, das Ganze verfeinert mit Enten- und Hühnereiern – noch eine spezielle Schleifbehandlung mit einem magischen Sud – ebenfalls im Gesicht und verbunden mit dem Risiko, sich die Haut aufzureißen – ändern irgendetwas an dem Zustand, den man hier das »schlechte Gesicht« nennt. Das Einzige, was man tun kann, ist sein Unglück als eine unabänderliche Fügung des Schicksals, als eine Vorsehung, anzunehmen.

Ich muss zugeben, dass ich nicht an Unglück glaube. Meiner Meinung nach hilft diese Vorstellung des *lin ke ndon* keinem, da sie den freien Willen des Einzelnen außer Kraft setzt, indem sie die Menschen, die daran glauben, zu einer depressiven Untätigkeit verleitet. Manchmal erlaube ich mir den Spaß, meine Freunde aufzuziehen: Ich tue dann ganz überrascht, dass »das Unglück« trotz der umfangreichen Palette an Behandlungsmöglichkeiten noch immer nicht aus den Gesprächen der Einwohner dieses Landes verschwunden ist.

Allerdings darf man nun nicht glauben, in Bangangté liefen nur Pechvögel herum. Abgesehen davon, dass fast jeder hier die Werte der Kultur und der örtlichen Traditionen respektiert, denken und handeln nicht alle so, wie ich es weiter vorne beschrieben habe. Es gibt sehr viele Menschen, die weder an Unglück noch an Zauberei glauben. Sie verstecken sich nicht mit dieser Haltung, stellen ihre Skepsis jedoch auch nicht demonstrativ zur Schau. Wie überall auf der Welt auch – und aufgrund der Freiheit, über welche jeder Einzelne bei der Gestaltung seines Lebens verfügt, sicher sogar mehr als anderswo – existieren sehr große individuelle Unterschiede.

Im Übrigen sind die Unglücklichen, die unter die Kategorie *lin ke ndon* fallen, sehr selten, da die Bangangté die Angewohnheit besitzen, die Dinge immer von der positiven Seite zu sehen. Ich persönlich bin in diesem Land noch nie jemandem begegnet, der an einer nervösen Depression litt. Die Lebensfreude gewinnt immer wieder die Oberhand. Sogar in Zeiten der Trauer, zwischen zwei Zusammenkünften unter Tränen, unterhält man sich und lacht, weil man weiß, dass »alles vergeht und das Leben nicht stehen bleibt«.

Läuft nicht alles so, wie man es sich vorgestellt hat, dann war es einfach nicht der richtige Zeitpunkt oder es war nicht der richtige Weg. Also akzeptiert man, was geschieht, denn man weiß, da man es schon seit frühester Kindheit hört: Gott lenkt, und die Menschen sind nur seine Werkzeuge. Deshalb muss man dem Befragten auch seine Freiheit lassen, wenn man ihn um Hilfe bittet. Man sollte ihn handeln lassen, ohne ihn zu bedrängen, so dass er seine Hilfe im passenden Moment und auf die beste Art und Weise geben kann. Derjenige, der eine Entscheidung trifft, übernimmt die Verantwortung dafür. Denn er wird die Folgen tragen müssen, genauso wie die anderen, die er mit hineingezogen hat. Ein bekanntes Sprichwort verdeutlicht diese Vorstellung: »Wenn du einen Sklaven durch die Wüste führst, leidest du dann nicht ebenso viel Durst wie er?«

Jeder hier ist davon überzeugt, dass sein Schicksal vorbestimmt ist. Es liegt jedoch an jedem selbst, seine Lebensaufgabe zu finden, indem er sich auf den Weg macht. Denn niemand wird ihm dies abnehmen, und er kann seine Aufgabe nur kennen lernen, indem er all die Gaben, die Gott ihm auf seine irdische Reise mitgegeben hat, einsetzt und alle Hindernisse, die Gott ihm in den Weg stellt, ohne Angst durchsteht. Manchmal trifft man eine falsche Wahl; daher sollte man sehr vorsichtig vorgehen und sich immer einen Ausweg offen halten: »Wenn du deine Richtung wählst, dann erhalte dir die Möglichkeit zur Umkehr. Es könnte sein, dass du dich getäuscht hast.« Selbstverantwortung bedeutet sehr viel. Es ist jedem selbst überlassen, mit Geduld seinen Weg zu finden. Hat einer das Gefühl, in die richtige Richtung zu gehen, braucht er sich nicht mehr zu sorgen, denn niemand ist für sein Schicksal verantwortlich: Wir werden den Platz niemals selbst wählen können, den wir in der Perlenkette, die unser Schöpfer kreiert, einnehmen sollen. Er allein weiß, was er für uns vorgesehen hat.

Wo es kein Zuspätkommen gibt

Niemand kann dem Rauch eine Richtung vorgeben.

Eines Tages kam ich von meinem Feld zurück. Ich hatte den Tag damit verbracht, die Erde umzupflügen. Meine Mitfrauen und ich durften unsere Pflanzungen als Ehefrauen des Stammesführers nur drei Tage in der Woche bewirtschaften. Wir brachen um sechs Uhr morgens auf, nahmen ein Picknick mit und kamen erst um vier Uhr nachmittags wieder nach Hause.

Als ich den Wohnbereich der Königin überquerte, sah ich eine alte »Mama«, die ich heiß und innig liebte, auf einem kleinen Hocker vor ihrem Haus sitzen. Auf eine lange Stange gestützt, die ihr als Gehstock diente, sah sie mich näher kommen. Sie saß sicher schon lange an diesem Platz. Vielleicht erwartete sie mich. Ich setzte mich ihr gegenüber, um einen Moment zu plaudern und sie nach ihren Neuigkeiten zu fragen, bevor ich mich waschen und umziehen ging. Sie sagte mir, ich sähe müde aus:

»Ja«, stimmte ich ihr zu, »aber ich habe auch viel gearbeitet. Ich habe achtzehn Reihen bepflanzt.«

Einen Augenblick lang starrte sie mich unverwandt und ohne etwas zu sagen an, als ob sie mich nicht verstanden hätte. Dann fragte sie:

»Du zählst die Anzahl der Reihen, die du bestellt hast?«

»Ja, um zu wissen, ob ich Fortschritte mache, und um festzustellen, ob ich mehr geschafft habe als an den vorangegangenen Tagen ...«

Lächelnd wiederholte sie meine Worte:

»… Fortschritte mache … ob ich mehr geschafft habe … Und was bringt dir das Wissen, dass du Fortschritte gemacht und besser gearbeitet hast?«

Ihre Frage überraschte mich. Doch so sehr ich mich auch bemühte, ich fand keine zufrieden stellende Antwort. Jedenfalls ließ sie meine Rechtfertigungen nicht gelten, in denen ich ihr etwas von Fortschritt, Ertragssteigerung und Schnelligkeit erzählte. Sie fuhr fort:

»Meiner Meinung nach ist das Wichtigste, wie viel du von deinen Reihen erntest, und nicht ihre Anzahl. Die Zahl wird dir nur eine völlig nutzlose Befriedigung geben. Es kann dir sogar passieren, dass du überhaupt nichts von deinen vielen Reihen erntest, auf die du so stolz bist. Arbeite einfach mit der Kraft, die du heute hast, ohne daran zu denken, was gestern war oder was morgen sein wird. Gott wird für alles sorgen.«

Mir kam der Gedanke, dass es in Frankreich eine ähnliche Redensart gab: Jeder Tag hat seine Plage. Ob man das heute noch so sagt?

Fortschritt, Ertragssteigerung und Schnelligkeit sind unbekannte Begriffe beziehungsweise eher verpönt im Land der Bangangté. In der Gegenwart leben ist jedoch nicht gleichzusetzen mit Sorglosigkeit. Wenn unsere Arbeit mit unseren Bedürfnissen übereinstimmen soll – nicht mehr und nicht weniger –, dann kann das nur im Einklang mit der Natur, die uns umgibt, geschehen, und im Rhythmus der Jahreszeiten. So wie es die uralte Erfahrung der Vorfahren lehrt, die durch die Tradition weitergegeben wird.

Die Natur ist gut und großzügig. Das Land der Bangangté ist ein sonnenverwöhntes Land, wo es das ganze Jahr über warm ist. Man kann hier gut leben und das Bevölkerungswachstum stellt kein Problem dar, da die Ländereien, die von den Vorfahren der Bangangté erobert wurden, zu den weitläufigsten in ganz Ostkamerun gehören.

Die Wärme hier ist natürlich nur ein relativer Begriff. Besucher aus Douala sind oft völlig durchgefroren und nicht selten sieht man sie in gefütterten Anoraks, manchmal sogar in Winterstiefeln vorbeispazieren – dank der Straßenhändler, die es uns ermöglichen, alte Kleidung aller Art zu kaufen, die von Europa ballenweise herüberkommt. Wir leben in einer Höhe von 1500 Metern, und die Temperaturen fallen in den kältesten Nächten bis auf zehn Grad Celsius.

Es gibt jedoch nur zwei Jahreszeiten: eine Regenzeit, die acht Monate dauert und während der man bis zu zwei Ernten einholen kann, und eine Trockenperiode, in der man den Ertrag dieser beiden Ernten aufbraucht. Abgesehen von diesen beiden Jahreszeiten teilen die Bangangté die Zeit in Wochen mit acht Tagen und in Mondmonate ein, die gemeinsam einen Zyklus bilden: keinen Jahreszyklus wie in Europa, sondern den Zyklus der beiden Jahreszeiten. Man zählt die Jahre nicht, zumindest nicht nach alter Tradition. Denn offiziell hat Kamerun, wie die meisten anderen Länder der Welt auch, den Gregorianischen Kalender eingeführt. Die Monatseinteilung richtet sich hauptsächlich nach den Mondphasen. Die vier Abschnitte unseres Trabanten beeinflussen nach Meinung erfahrener Bauern die Abfolge der Regenperioden und der Bepflanzung.

Allerdings wird die Bewirtschaftung des Landes nicht allein durch die Monate, sondern auch durch die Jahreszeiten bestimmt. In Bangangté erstreckt sich die Planung für die langfristigsten Vorhaben auf ein Jahr oder von einer Jahreszeit zur nächsten. Diese Pläne betreffen vor allem die Nahrungsvorräte. Daher werden die Felder so bepflanzt, dass eine Ernte ausreicht, um bis zur nächsten Erntezeit durchzukommen. Die Bepflanzung wird zudem so aufgeteilt, dass das ganze Jahr über immer etwas zum Essen auf den Feldern wächst. Deshalb sieht man, wenn man im Bamiléké-Land unterwegs ist, sachkundig angelegte, gepflegte Mehrfachpflanzungen, ergänzt durch Obstbäume, die vor allem um die Wohnhäuser herum gepflanzt wurden. Zäune schützen die Felder vor Schafen, Ziegen und Hühnern, die oft frei umherlaufen dürfen.

Der Plan für die Bepflanzung der Felder wird zugleich intuitiv und nach traditionell überlieferten Erfahrungswerten aufgestellt. Man muss schnell wachsende Pflanzen wie Mais, Bohnen, Erdnüsse und Soja einplanen, die getrocknet und in Speichern gelagert werden; außerdem Pflanzen mit einer langen Wachstumszeit – Macabos, Jamswurzeln, Süßkartoffeln –, die während der Trockenperiode geerntet und trocken in großen, mit getrockneten Bananenblättern ausgelegten Erdlöchern vergraben werden, über die Holzasche gestreut wird. Schließlich gibt es Pflanzen, die ganzjährig Früchte tragen und die man nach Bedarf abernten kann, wie zum Beispiel Maniok oder Bananen. Die zahlreichen Obstbaumarten tragen zu unterschiedlichen Jahreszeiten Früchte, so dass das ganze Jahr über für eine abwechslungsreiche Ernährung gesorgt ist.

Wenn die Speicher gefüllt sind und der Holzvorrat ausreicht, um die Ernteerträge trocknen zu können, kann man voll und ganz sein Glück in Gesellschaft seiner Eltern und Freunde genießen. Sie kommen, um lange Stunden am Feuer zu verbringen, auf dem eine gute Mahlzeit köchelt, während ein Maiskolben geröstet wird oder eine Pflaume, eine Kartoffel oder eine Jamswurzel unter der Glut sanft vor sich hin schmort. Man philosophiert über das Leben, lehrt die Kinder, die an allem teilhaben, tauscht Erfahrungen aus, knüpft neue oder erneuert alte Beziehungen zwischen den Menschen, der Natur und der Zeit, die vergeht.

Die Jahre zu zählen, sie zu nummerieren, Tatsachen und Ereignisse chronologisch festzuhalten, das ist die geringste Sorge der Bangangté. Ich habe diese Art, in der Gegenwart zu leben, ohne Schwierigkeiten, fast unwillkürlich angenommen.

Als ich im November 1978 an den Hof des Stammesführers zog, beschloss ich, mir keine Arbeit mehr zu suchen, um mich ganz meiner Tochter Sophie widmen zu können. So lebte ich vier Jahre außerhalb der offiziellen Zeitrechnung, da sie für das Leben, das ich führte, völlig bedeutungslos war. Wenn ich zurückdenke, habe ich daher auch keine chronologische Vorstellung von dem, was ich erlebt und gemacht habe. Vier Ereignisse sind mir jedoch im Gedächtnis geblieben: Sophies Geburt, dann die Geburt meines Sohnes Rudolf und meine beiden Reisen nach Frankreich. Alle anderen Vorkommnisse, die in diese Zeit fallen, ordne ich deshalb in Beziehung zu diesen beiden Geburten und Reisen ein: »Das war vor der Entbindung meines Sohnes … Das passierte nach meiner ersten Rückkehr aus Frankreich an den Hof des Stammesführers …« Dies stört mich überhaupt nicht, denn das Wichtigste bleiben die Erinnerungen, die ich behalte, die Intensität der Gefühle, die sie auch heute noch in mir hervorrufen, und nicht die genauen Daten und die zeitliche Abfolge des ursprünglichen Ereignisses.

Seit dieser Zeit verspüre ich, wie alle Menschen in Bangangté, nicht mehr das Bedürfnis, die Jahre zu zählen. Daher ist es auch unnötig, dass mir jemand sein Alter »verrät«. Damit sagt er nicht das Geringste über seinen Charakter, sein Urteilsvermögen oder gar seine körperliche Kraft aus, denn jeder weiß, dass diese Eigenschaften bei jedem Einzelnen verschieden sind und nichts mit dem Geburtsdatum zu tun haben. Wir leben hier jedoch nicht außerhalb der Zeit beziehungsweise außerhalb der Geschichte. Sobald wir aber ein vergangenes Ereignis zeitlich einordnen wollen, setzen wir es in Beziehung zu den Umständen, Vorkommnissen oder außergewöhnlichen Naturphänomenen, welche die zu dieser Zeit lebenden Menschen geprägt oder beeindruckt haben: der Tod eines Stammesführers oder auch eine Sonnenfinsternis zum Beispiel. Und um das Datum der Geschichte, die man erzählen möchte, noch genauer anzugeben, erinnert man an die landwirtschaftlichen Tätigkeiten, die zu diesem Zeitpunkt stattfanden: »Das war im Todesjahr des Stammesführers Njiké Pokam Robert, als die Jamswurzeln geerntet wurden …«

Die wichtigste traditionelle Zeiteinteilung in Bangangté ist die Woche. Auf die acht Tage folgt ein obligatorischer Ruhetag, an dem es sogar fast ausgeschlossen ist, eine Audienz beim Stammesführer zu erhalten: der *nga*. Ein anderer Tag, der Markttag oder *ntan la'*, untersagt jede landwirtschaftliche Tätigkeit. Während *nziniam* und *ntanbu* darf man ebenfalls nicht auf den Feldern arbeiten, kann jedoch jeder anderen Arbeit nachgehen. Von acht Tagen bleiben den Bangangté also nur vier Tage zur Verfügung, um ihre Felder zu bestellen: *nsia*, *nzimte*, *ncotchu*, *ntante'* – den Ehefrauen des Stammesführers bleiben sogar nur drei von acht. Diese Tradition, die etwas an Bedeutung verloren hatte, findet in den letzten Jahren wieder mehr Beachtung.

In dem Tal am Ufer des Flusses Noun, wo ich lebe, zeugen Mahlsteine, Tonscherben und Terrakottafunde, die den Standort von Kochstellen anzeigen, von der hohen Bevölkerungsdichte der Stämme, die vor uns dieses fruchtbare Gebiet bewohnt haben. Wir konnten es jedoch in Besitz nehmen, als ob hier nie zuvor jemand gelebt hätte, da sie nichts Unvergängliches hinterließen. Manchmal finde ich beim Hacken zufällig eine Pfeife in der Erde, eine Tonscherbe oder irgendeine andere anonyme »Botschaft« von den Menschen, die vor mir dieses Fleckchen Erde geliebt haben. Ich empfinde dann immer ein freundschaftliches Gefühl für sie und frage mich, was ich tun kann, um Zugang zu ihren Erfahrungen zu bekommen.

Sie haben uns das Land wie ein unbeschriebenes Blatt Papier hinterlassen. Es liegt an uns, es zu füllen, indem wir unsere Träume wahr machen. Dabei dürfen wir jedoch die menschlichen und natürlichen Gegebenheiten unserer Umgebung nicht außer Acht lassen. Zu unserer Unterstützung gaben die Vorfahren ihr Wissen an uns weiter, das mündlich und vor allem innerhalb der Gemeinschaft verbreitet wurde. Im Laufe der Jahrhunderte trug jede Generation ihren Teil zur Erschaffung und Bereicherung dieses Wissensschatzes bei. Eine große Rolle spielen in diesem Zusammenhang die Sprichwörter. Sie enthalten die Essenz der Erfahrungen, die den Vorfahren am Herzen lagen und die sie daher den Jüngeren vermitteln wollten, um ihnen zu helfen und sie auf den Wegen durch unsere Welt anzuleiten.

Ein gutes Beispiel hierfür ist das folgende Sprichwort, das die Grundlage jeder menschlichen Gesellschaft auf den Punkt bringt, indem es Solidarität preist: *La' be tchang, o ke lèn mfa', ke lèn ndo*, »Herrschen Harmonie, Eintracht, Liebe und Fülle in einem Dorf, so werden der Fleißige und der Faule eins«. In der traditionellen Gesellschaft finden die Arbeitenden es ganz natürlich, sich gegenseitig zu helfen und durch ihre Arbeit denjenigen, die es schwerer haben – ob faul oder nicht –, das Leben zu erleichtern. Die Devise lautet: »Meines ist auch Deines.«

Wenn wir größere Fähigkeiten als unsere Mitmenschen besitzen, dann nicht deshalb, um sie besser dominieren und ausnützen zu können, sondern um sie zu unterstützen und anzuleiten. Wir sind auf diesem Planeten nur auf der Durchreise. Der Wunsch nach irgendwelchen Reichtümern ist ebenso unsinnig, wie die Früchte unserer Arbeit aus Egoismus für uns allein behalten zu wollen. Denn wenn wir sterben, können wir nichts mitnehmen. Darum lasst uns denen geben, die unser Leben teilen.

Um die zwischenmenschlichen Beziehungen zu regeln und das empfindliche Gleichgewicht zwischen

Mensch und Natur zu erhalten, haben die Bangangté – zusätzlich zu den zahlreichen Sprichwörtern – Gesetze gemacht, die »Traditionen« genannt werden.

Sie werden seit uralten Zeiten mündlich überliefert und vermitteln Erkenntnisse und menschliche Werte, die für alle Generationen von Nutzen sind. So steht das Wissen der Vorfahren ständig zur Verfügung, wann immer es ein Bedürfnis nach Entwicklung gibt.

Ein Beispiel dafür stellen sämtliche Riten dar, dank derer die Heiligen Wälder, die jeden Hof eines Stammesführers umgeben, größtenteils unzerstört erhalten werden konnten. Es darf dort kein Holz gesucht werden, nicht einmal dürre Zweige. Dadurch gibt es für niemanden einen Grund, dorthin zu gehen, was den Wäldern wiederum eine sehr geheimnisvolle Ausstrahlung verleiht. Dort treffen sich die Geheimbünde, über deren Aufgaben eine Frau nichts wissen darf. Im Schutz dieser Wälder befinden sich auch die *mbwe'*, das heißt die vor der Gemeinschaft der Sterblichen versteckten Orte, an denen – wenn die Umstände es erfordern – Opferrituale stattfinden, um die von den Menschen gestörte Ordnung wiederherzustellen.

Diese geheimen Tätigkeiten dienen in erster Linie der Verwaltung. Aber nicht nur, weil dadurch das empfindliche natürliche Gleichgewicht erhalten bleibt, in dem sich alle möglichen Pflanzenarten finden, die anderswo durch die Rodung für bewirtschaftete Flächen verschwunden sind. Ohne die dichte Vegetation in den Wäldern würden vor allem auch die Quellen und die Seen binnen kurzer Zeit austrocknen.

Aufgrund der aktuellen Entwicklung der Städte gäbe es in der Nähe der Stammeshöfe keine Wälder mehr, wenn nicht die Bevölkerung und die Stammesführer die alten Traditionen immer respektiert hätten – und dies auch heute noch tun. Die alten Bräuche unterstützen daher den Erhalt gemeinschaftlicher Güter, die für jeden Einzelnen von Nutzen sind und außerdem ein kulturelles Erbe darstellen. Dieses Stammesgut stabilisiert die Gesellschaft, lässt den Menschen jedoch auch die Freiheit, Tag für Tag nach ihren eigenen Bedürfnissen oder Neigungen zu handeln.

Es besteht kein Zweifel, dass jede Tradition, jeder Ritus – und sei er in den Augen eines Europäers noch so unverständlich oder absurd – einen tieferen Grund hat. Ziel ist es, dass der Mensch in Harmonie mit der Natur lebt, ohne sie bezwingen beziehungsweise dominieren zu wollen. Dieser umsichtige und weise Umgang mit der natürlichen Umgebung prägt das Land in hohem Maße.

In Bangangté versucht man nicht, seine Umwelt zu beherrschen. Man akzeptiert sie, so wie sie ist, und ist damit zufrieden. Man bemüht sich daher darum, sich seiner Umgebung anzupassen, ganz gleich wie hart sie auch sein mag. Man versucht, sie zu verstehen, um besser im Einklang mit ihr leben zu können, und nutzt sie einzig mit dem Ziel aus, von ihr zu leben. Menschen sind nur die Perlen einer Kette. Der Schöpfer gab ihnen alle Fähigkeiten, um mit dem, was sie umgibt, zusammenleben und sich davon ernähren zu können.

Diese Form der Beziehung, diese Gemeinschaft zwischen Mensch und Natur zeigt sich auch in der

Bauweise beziehungsweise an der Ausrichtung nach der Sonne: Die Häuser bestehen aus einheimischen Materialien wie Lehmziegeln oder sie werden mit Hilfe einer Umrandung aus Stangen und Bambusstäben, die mit Lehm gefüllt ist, erbaut. Außerdem ist der persönliche Bereich eines Menschen nicht sein Besitz, sondern überlassenes Land, das ihm vom Stammesführer zugeteilt wurde, damit er es bewirtschaften und somit seine Familie versorgen kann.

Wenn man vom Gipfel eines der Hügel von Bangangté den gegenüberliegenden Abhang betrachtet, so sieht man kleine Häuser, die inmitten weitläufiger Felder verstreut liegen. Keine einzige Straße führt dorthin, nur Pfade, die zeigen, dass hier jeder zu Fuß geht. Seit der Kolonisierung können Autos zwar die großen Verkehrsachsen befahren, die zwischen den neu entstandenen Dörfern gebaut wurden. Die Häuser liegen meist entlang dieser modernen Kommunikationswege, doch die frühere Buschlandschaft ist immer noch sehr lebendig geblieben. Die Hochebenen des Bamiléké-Landes sind dicht besiedelt, selbst dort, wo man sich nur zu Fuß fortbewegen kann.

Der Mensch hat in dieser natürlichen Umgebung zwar weite Flächen abgeholzt, um die Erde zu bewirtschaften. Er hat jedoch immer – vor allem in den Tälern – bewaldete Stellen erhalten, um Brennholz zu haben und um die Quellen zu schützen. Es existieren weder ein Übersichtsplan noch umfangreiche Bebauungspläne. Jeder macht, was ihm gefällt, dort, wo er sich niedergelassen hat. Bei der Nutzung seines Landes achtet er jedoch darauf, das für ihn lebenswichtige Gleichgewicht zu erhalten.

Außerhalb der Zentren, wo das moderne Leben Einzug gehalten hat, machen die Städte und Dörfer einen zusammengewürfelten und chaotischen Eindruck. Sie wirken allerdings auch sehr frei. Die Menschen passen sich ihrem Lebensraum an und leben ihren eigenen Rhythmus. Sogar in den stark bewohnten Wohnvierteln von Douala und Jaoundé, erinnern die zwischenmenschlichen Beziehungen im Großen und Ganzen an das Leben im Dorf: die gegenseitige Hilfsbereitschaft, die langen Besuche, um zu reden und Beziehungen zu pflegen, um die Kranken oder den *mu*, den Trauernden, abzulenken.

Der Druck der Industrieländer nimmt zu, und die Städte werden immer verlockender. Daher musste man sich etwas einfallen lassen, damit sich die empfindlichen Bande innerhalb dieses Volkes nicht für immer auflösen. Seit einigen Jahren erfinden die Bangangté deshalb neue Wörter, damit ihre Sprache nicht eines Tages eine tote Sprache ist. Zum Beispiel: *sang ve*, »erfundener Vogel« für Flugzeug, *yang pa'*, »fahrendes Haus« für Auto. Einige geduldige und besonnene Gelehrte stellten auch einen christlichen Kalender nach westlichem Vorbild auf, dessen Monate sie nach landwirtschaftlichen Tätigkeiten und dem Rhythmus der Jahreszeiten benannten. Ich erlaube mir das Vergnügen, hier alle zwölf Monate in ihrer »Übersetzung« aufzuzählen. Sie können den Verlauf eines Jahres im Land der Bangangté vielleicht verdeutlichen.

Januar: *bwognga*, »Zeit der Buschbrände«; Februar: *nkagna*, »Zeit des Pflügens«; März: *nzwitwhu*, »Saatzeit«; April: *tangmbwe*, diesen Ausdruck muss ich mit einem ganzen Satz umschreiben, »Monat, in dem man die Schafe anbinden muss, damit sie nicht auf die Felder gehen und die sprießenden Pflanzen auffressen«; Mai: *nsona*, »Zeit des Jätens«; Juni: *wagnkwun*, »Erntezeit von Blattgemüse«; Juli: *ntonguefele*, »Zeit, in der man die ersten jungen Maiskolben röstet«; August: *ntchu'shu*, »Ende der Erntezeit«; September: *njagshu*, »Trocknen der Ernte«; Oktober: *be'nswe*, »Zeit der ersten Jamswurzeln«; November: *nsonando*, »Monat, in dem der Faule endlich das Unkraut auf seinem Feld jätet«; Dezember: *ntongotmesang*, »Ankunft der Schwalben«. Die traditionelle Wocheneinteilung wurde jedoch beibehalten. Auf diese Weise können sogar Personen, die weit entfernt vom Hof ihres Stammesführers, in anderen Gegenden oder im Ausland leben, auch weiterhin nachvollziehen, welcher Tag in ihrem Dorf ist.

Die Gelehrten haben auch Schulen in ganz Kamerun eingerichtet, damit die Kinder, die in den großen Städten wohnen, nicht ihre Sprache verlieren. Außerdem kommen Bangangté aus der ganzen Welt auf einem jährlich im Juli stattfindenden Festival zusammen, um wirtschaftliche und traditionelle künstlerische Aktivitäten zu pflegen. Offene Diskussionsrunden sensibilisieren die Jugendlichen für ihre Kultur und deren Entwicklung. Im Anschluss daran werden Seminare angeboten, in denen Erwachsene und Jugendliche sich zusammenfinden, um Bangangté lesen zu lernen. In Schulen und Gymnasien besteht ein Richtwert für den Unterricht regionaler Dialekte. Somit haben die Schüler die Möglichkeit, sich in beiden Kulturkreisen zugleich zu bewegen. Verständigungsschwierigkeiten zwischen den Generationen werden vermieden, und die Kinder können aufgrund ihrer Kenntnisse beider Kulturen die Werte auswählen, die ihnen wichtig erscheinen.

Egal wo man sich gerade aufhält – ob auf dem Feld, dem Marktplatz, bei einem Besuch, auf einer Reise oder zu Hause –, es gibt keinen Grund, sich nicht zu Hause zu fühlen. Man kann einfach immer natürlich und spontan sein, frei, Verbindungen zu knüpfen und auf andere zuzugehen.

Dabei bleibt der Mensch ein unabhängiges Wesen. Er ist für seine Handlungen verantwortlich und wählt, ohne sich gedrängt zu fühlen, den Weg, dem er folgen muss. Auch wenn er respektvoll auf die Ratschläge von erfahreneren Personen hört, steht er seinem Schicksal und den Entscheidungen, die sein eigenes Leben betreffen, ganz allein gegenüber. Folgendes Sprichwort der Bangangté drückt die Vorstellung der individuellen Freiheit aus traditioneller Sicht sehr schön aus: *Bo ke be la' te manze nze bwog,* »niemand kann dem Rauch eine bestimmte Richtung vorgeben«. In der Weite des Landes, in dem sie sich weiterentwickeln, haben die Menschen ebenso viele Möglichkeiten wie der Rauch, eine Richtung zu wählen, die ihren Vorstellungen entspricht. Doch jeder muss diese Wahl für sich selbst treffen. Die Gründe für eine Entscheidung werden den Mitmenschen vielleicht genauso mysteriös erscheinen, wie die unbekannte Kraft, die den Rauch mit dem Wind in eine bestimmte Richtung lenkt. Sein ganzes Leben lang muss der Mensch seine vorherbestimmte Aufgabe erfüllen. Denn er wird nur Gott – dem Schöpfer der Kette, in der er eine Perle ist – Rechenschaft ablegen müssen.

Während der Jahrtausende, in denen die Europäer Afrika noch keine Grenzen aufgezwungen hatten, waren die Bevölkerungsgruppen im Gebiet des heutigen Kamerun in kleine Staaten oder selbstständige Stämme aufgeteilt. Alle waren inmitten der üppigen Natur ohne Grenzen miteinander verbunden und die Söhne und Töchter dieser Völker zogen manchmal sehr weit herum. Die alten Traditionen wurden zweifelsohne dazu geschaffen, den Zusammenhalt dieser Gesellschaften aufrechtzuerhalten.

Das Hauptziel der traditionellen Riten besteht darin, den Kindern emotionelle, kulturelle und spirituelle Wurzeln zu geben, um zu vermeiden, dass sie wie der Rauch in alle vier Windrichtungen fortziehen. So verwurzelt behalten sie trotzdem ihre Freiheit, allerdings in einem natürlichen und menschlichen Rahmen. Zudem werden ehrgeizige und gierige Tendenzen eingedämmt: *Ku', swe'e, yu zi bà a be njong fi su*, »Ob du aufwärts gehst oder abwärts, egal was du tust – am Ende hast du nur ein Recht auf ein Fleckchen Erde für dein Grab.«

Im Netz der Namen:
Die große Familie

Sage mir deinen Namen, und ich sage dir, wer du bist.

Wer eines Tages nach Bangangté kommt, wird dort sicher einen Freund finden. Bei einem gemeinsamen Spaziergang wird man über die Anzahl der Väter, Mütter, Brüder und Schwestern staunen, die er einem vorstellt. Vielleicht deutet er auf eine Person und sagt:

»Das ist mein Vater.«

Um zu erfahren, ob der Betreffende der wirkliche Vater des Freundes ist, wird man nachfragen müssen:

»Dein leiblicher Vater?«

Außer in Ausnahmefällen wird es sich nicht um den leiblichen Vater handeln. Der Freund wird geduldig erklären, dieser »Vater« sei in Wirklichkeit entweder sein Onkel, sein Großonkel, sein Großvater, vielleicht sogar sein älterer Bruder oder – im Extremfall – sein eigener Sohn. Oft besteht auch überhaupt keine Blutsverwandtschaft. Aus europäischer Sicht könnte die betreffende Person als eine Art Tutor angesehen werden, als ein Freund der Familie oder ein »Fremder«, der den Freund aus Bangangté in einer Stadt, wo er niemanden kannte, bei sich aufgenommen und sich um ihn wie um seinen Sohn gekümmert hat.

Das Alter spielt hierbei überhaupt keine Rolle. Dein »Vater« ist vor allem derjenige, der dir in einem bestimmten Moment deines Lebens geholfen hat. Ein Mensch, auf den man sich verlassen und den man um Rat fragen kann, der dich gut kennt und dich liebt und den du deinerseits liebst, wie man normalerweise seinen tatsächlichen Vater liebt: voller Achtung und Dankbarkeit.

Somit kann jeder Bangangté zahlreiche Väter haben, die er teilweise mehr als seinen leiblichen Vater liebt, ohne dass dieser sich daran stört. Wie wir später sehen werden, ist es sogar eher selten der Fall, dass die Kinder bei ihren eigenen Eltern aufwachsen. Manchmal wird ihnen erst im Jugendalter klar, wer sie geboren hat.

Doch zurück zu unserem Spaziergang. In der Umgebung des Marktes kommt uns freudestrahlend eine junge Frau entgegen.

»Das ist meine Mutter«, sagt der Freund.

»Deine leibliche Mutter?«

Natürlich nicht, denn dieser wird man höchstwahrscheinlich nie begegnen. Die Zahl der Mütter ist grenzenlos: Mitehefrauen der leiblichen Mutter oder der Großmütter, Tanten, ältere oder auch jüngere Schwestern, die sich zu gegebener Zeit um den Freund gekümmert haben.

Dieses Mal ist der Besucher sicher, das »System« verstanden zu haben: Jede Frau kann irgendwann einmal die Mutter eines Bangangté sein, so wie jeder Mann sein Vater werden kann. Nun begegnen wir jedoch einem – noch dazu sehr männlichen – Herrn, der einige Worte mit unserem Freund wechselt, bevor er weitergeht.

»Das ist meine Mutter.«

»Du meinst: dein Vater«, korrigieren wir ihn, befriedigt, dass sogar unser Freund letztendlich diese komplizierten Familienbeziehungen durcheinander bringt.

Er erklärt jedoch, dass es sich nicht um einen Irrtum handelt. Der Mann, den wir gerade getroffen haben, hat nämlich das Erbe einer Frau angetreten. Dadurch wurde er zu dieser Frau und ist darum unzweifelhaft die Mutter unseres Freundes. Im Übrigen sind die Bezeichnungen »Vater« beziehungsweise »Mutter« für Menschen, mit denen man häufig nicht einmal verwandt ist, keine ungefähre Übersetzung anderer Worte aus der Bangangté-Sprache. All diese Personen, denen wir auf unserem Spaziergang begegneten, *sind tatsächlich* die Väter und Mütter unseres Freundes.

Die Beziehungen unter Geschwistern ähneln dagegen schon eher der westlichen Auffassung von Bruder oder Schwester. Der einzige Unterschied besteht darin, dass der Bergriff Halbbruder beziehungsweise Halbschwester – väterlicher- oder mütterlicherseits – in meinem Dorf nicht existiert. In Kamerun ist die Polygamie offiziell anerkannt, also legal, und wird auch praktiziert. Daher gibt es mehr Kinder, die denselben Vater, aber verschiedene Mütter haben, als umgekehrt, oder Kinder, die von demselben Vater und derselben Mutter abstammen wie Sophie und Rudolf, meine Kinder mit dem Stammesführer.

Die beiden haben neben ihren zwei Brüdern aus meiner ersten Ehe eine ganze Reihe von Brüdern und Schwestern von Seiten ihres Vaters. Und ich bin die Mutter all dieser anderen Kinder. Genauso wie ich die Mutter des alten Herrn bin, den ich mit Matcha auf dem Markt traf – und zweifellos auch von zahlreichen Kindern aus Bangangté, Jung oder Alt, Männern oder Frauen, die ich niemals alle persönlich kennen lernen werde.

In der Sprache der Bangangté nennt man Kinder *mèn ngo*, was »Kind der Gemeinschaft, des Landes, der Vorfahren« bedeutet. So wird allein durch den etymologischen Wortsinn verständlich, dass das Kind weder seinen Eltern und noch nicht einmal seiner Familie gehört, sondern der gesamten Gemeinschaft.

Im Land der Bangangté kennt man keinen Familiennamen wie in Europa. Dass die Kinder aus meiner Ehe mit dem Stammesführer den Namen ihres Vaters, Njiké Pokam, tragen, kommt daher, dass ich Wert darauf legte, sie beim Französischen Konsulat in Douala registrieren zu lassen. Dafür war ein Familienname zwingend erforderlich. Ich wählte den des Stammesführers und nicht meinen Namen Bergeret, damit er auch in meinem Herkunftsland offiziell als ihr Vater anerkannt würde. In Bangangté würde allerdings niemand auf die Idee kommen, von »Sophie und Rudolf Njiké Pokam« zu sprechen.

Kinder der Gemeinschaft und der Vorfahren, ohne Familiennamen, aber mit einer Vielzahl von Vätern und »nicht leiblichen« Müttern, nicht zu vergessen die unzähligen Geschwister als Folge der Polygamie – all dies könnte zu der Ansicht verleiten, die Menschen hier gingen in der Masse unter wie die Ameise in einem Ameisenhaufen. Doch das Gegenteil ist der Fall: Jeder Einzelne entwickelt seine eigene Persönlichkeit, seinen Charakter und seine ganz besonderen und einzigartigen Verhaltensweisen – vielleicht sogar mehr als anderswo. Dabei bleibt die Verbundenheit zur Familie, zu den Mitmenschen, dem eigenen Volk, seinem Land und seinen Vorfahren bestehen und verstärkt sich häufig sogar im Laufe des

Lebens. Ich glaube, dass der Name oder besser gesagt die unzähligen Namen, die eine bestimmte Person haben kann, mehr als alles andere diese Verbindung zwischen individueller Entfaltung und Integration in die Gemeinschaft fördern.

Nehmen wir zum Beispiel meine beiden Kinder vom Stammesführer, auch wenn sie einen Sonderfall darstellen. Ich habe ihnen die europäischen Vornamen Sophie und Rudolf gegeben. Ersteren wegen seiner griechischen Bedeutung »Weisheit«, Letzteren zu Ehren des Ehemannes eines befreundeten deutschen Paares. Diese Namen sind also ausschließlich europäischen Ursprungs, auch wenn die meisten Bangangté ebenfalls – aus religiösen Gründen – einen christlichen Taufnamen haben. Nach der Befreiung Nelson Mandelas, des späteren Präsidenten von Südafrika, erhielten viele Kinder den Vornamen Nelson. Der europäische Vorname ist jedoch kaum von Bedeutung, zumindest unter den Bangangté.

Meine Tochter hat noch einen anderen Namen: Abiba. Ihr Bruder heißt Tchangue. Dieser Name ist eigentlich ein Homonym. Das bedeutet, man wählt den Namen einer anderen Person. Die Person, nach der man auf diese Weise ein neugeborenes Kind benennt, ist fast immer ein Mitglied oder ein Freund der Familie. Es kann jedoch auch der Name eines Besuchers sein, der zum Beispiel bei der Entbindung geholfen hat. Könnte man »Homonym« also vielleicht mit »Patenonkel« oder »-tante« übersetzen? Nein, denn die Verbindung, die von nun an zwischen diesen beiden Menschen besteht, ist viel stärker und tief greifender. In dem Moment, wo es den

Namen erhält, nimmt das Neugeborene das Wesen seines Namensgebers an. Und umgekehrt nimmt der Namensgeber für immer das Wesen des Säuglings an. Daher übernehmen Pate und Patenkind beide Rollen zugleich füreinander. Legt ein leiblicher Vater Wert darauf, seinem Kind seinen eigenen Namen zu geben, dann ist das nicht dasselbe wie der in Europa übliche Familienname. Der Vater und sein Sohn oder seine Tochter werden dadurch zu »Homonymen« wie andere auch, unabhängig von ihrer Vater-Kind-Beziehung.

Der Name beziehungsweise die Namensgebung dient somit nicht nur der Unterscheidung von Individuen, sondern sie knüpfen neue freundschaftliche oder familiäre Bindungen. Denn die Person, deren Namen das Kind trägt, *wird zu diesem Kind* und im Gegenzug zu einem vollwertigen Mitglied der Familie. Das Kind und sein Namensgeber sind von da an ein Doppelwesen: Jeder trägt beide Persönlichkeiten zugleich in sich – seiner Umwelt und auch sich selbst gegenüber.

Diese Verschmelzung geht so weit, dass es für einen Europäer zu verwirrenden Situationen kommen kann. So kann die junge Mutter, die einem Besucher die Gelegenheit geben will, die neugeborene Tochter näher zu betrachten, sie ihm mit den Worten reichen: »Hier, das ist mein Vater.« Dies bedeutet, dass das kleine Mädchen den Namen seines Großvaters trägt. Später, wenn das Kind größer ist und von seiner Mutter zu streng behandelt wird, kann man ihr allen Ernstes vorwerfen, sie würde ihrem eigenen Vater, dem sie ihr Leben verdankt, nicht genug Achtung entgegenbringen.

Der Homonym eines Neugeborenen sagt seinerseits, wenn er von diesem Ereignis spricht, er sei neu geboren, er sei ein neuer Mensch geworden. Ist das Kind nach einem Verstorbenen benannt, verewigt es dessen Persönlichkeit und macht ihn gleichsam unsterblich.

Wird der gleichlautende Name vor oder zum Zeitpunkt der Geburt gewählt, so gibt es noch andere Namen, die zuvor berücksichtigt werden müssen. Dies gilt vor allem für Kinder, die am Hof eines Stammesführers geboren werden. Ihre Namen sind vergleichbar mit Adelstiteln. Das Erstgeborene des Stammesführers, das nicht unbedingt auch Thronfolger wird, heißt traditionsgemäß *Tu'kam*, was so viel heißt wie: »der Kelch, aus dem die Adligen trinken«. Ab der feierlichen Ernennung und dem »Einfangen« des neuen Stammesführers (Ritus zur traditionellen Bestimmung der Thronfolge, Anm. d. Übers.) sind nämlich alle landwirtschaftlichen Tätigkeiten untersagt. Erst wenn eine seiner Ehefrauen zum ersten Mal schwanger wird, darf die Arbeit auf den Feldern wieder aufgenommen werden. Das jüngere Kind heißt *Bu'kam*, »Würdenträger«. Das dritte bekommt automatisch den Namen *Ntshungo*, »Stimme des Volkes«.

Diese »Titel« verhindern jedoch nicht, dass die Söhne und Töchter des Stammesführers, wie alle anderen auch, Homonyme haben. So hieß der Vater meines Mannes Bu'kam, da er der Zweitgeborene war. Die Eltern aus Bangangté, die ihrem neugeborenen Kind eigentlich den Namen ihres Stammesführers geben wollten, konnten es nicht so nennen. Deshalb wählten sie stattdessen den Namen Paho, wie mein Schwiegervater genannt wurde.

Auch im Fall von Zwillingsgeburten sind die Namen vorgeschrieben. Zwillinge spielen seit der Gründungsgeschichte Bangangtés – wie Romulus und Remus – eine wichtige Rolle, wie wir am Anfang des nächsten Kapitels noch sehen werden. Ihre Namen müssen immer auf *-mi* enden: Nyami, Tchoumi, Wami und so fort. Sie gelten als anders und haben daher besondere Beinamen: zum Beispiel »Freund des Stammesführers«, da sie geheimnisvolle Kräfte besitzen, weswegen sie genauso respektiert werden wie der Stammesführer selbst. Oder auch »Sohn« beziehungsweise »Tochter der Faulheit«, da ihre natürliche Stellung genügt, um sie von bestimmten unangenehmen Arbeiten zu befreien, und so ihre Faulheit legitimiert. Man nennt sie auch »unerwarteter Ankömmling«, weil man nur ein einziges Baby erwartet hatte, oder »jemand, der es allein durch seine Anwesenheit regnen lässt«. Der Betreffende gilt also als Glücksbringer, denn Regen bringt reiche Ernten. Erstaunlich ist auch, dass die Zwillinge bei ihrer Geburt ihrerseits allen Familienmitgliedern spezielle Namen geben, die im Voraus festgelegt sind. Ihre Mutter erhält den Namen *Magni* oder auch *Ndù mbàà*, »die Frau mit zwei Gebärmüttern«. Manchmal wird sie »die den Adligen der Stadt Ebenbürtige« genannt. Ihr Vater wird ein *Tagni*. Alle Tagni betrachten sich als Persönlichkeiten von höchstem Rang, da sie, ihren eigenen Aussagen zufolge, ihren Titel von Gott erhalten haben. Die nächst älteren Geschwister der Zwillinge heißen von deren Geburt an nur noch *Mbatkam*, das bedeutet »derjenige, der einen Würdevollen trägt«. Denn als Ältere werden sie sich häufig um ihre jüngeren Geschwister kümmern müssen und sie daher auch herumtragen. Die jüngeren Geschwister der Zwillinge bekommen den Namen *Kammi*.

Aber seien Sie unbesorgt. Da ich keine Ethnologin bin und es auch gar nicht sein will, habe ich keine weiter gehenden Nachforschungen betrieben, um andere Fälle herauszufinden, bei denen eine ähnliche Namensfestlegung besteht. Es liegt mir vielmehr am Herzen, deutlich zu machen, dass die Namensgebung eines Kindes eine der kulturellen und gesellschaftlichen Grundlagen in Bangangté ist. Sie stellt eine ihrer größten Reichtümer dar, da sie den Zusammenhalt der Gemeinschaft fördert und der Entfaltung jedes einzelnen Individuums dient. Ich bitte daher, mir mit Geduld und Nachsicht in dieses Labyrinth zu folgen. Denn wenn wir der Frage des *ndap* nachgehen, dem Namen, der die Herkunft angibt und auf den die Bangangté sehr stolz sind, dann landen wir mitten im Herzen dieser Kultur beziehungsweise dieser Gesellschaft – vielleicht mitten in ihrer Weisheit.

In der Sprache der Bangangté, einer ausschließlich gesprochenen Sprache, verwendet man keine Höflichkeitsfloskeln wie »sehr geehrte Damen und Herren«. Wendet man sich an den Stammesführer, so zollt man ihm Respekt, indem man ihn mit dem Namen seines Totems anspricht: *nzuimanto, nyam ke ma'*, »Panther« oder »Löwe«. Genauso verhält es sich bei den wichtigen Persönlichkeiten des Dorfes, deren Ehrentitel man würdigt, was gewissermaßen einer Anrede mit »Ihre Majestät« oder »Herr Minister« entspricht. Gewöhnliche Sterbliche sollte man allerdings nie mit ihrem Homonym ansprechen. Dies wird als Beleidigung angesehen. Daher kennen die Kinder die Homonyme ihrer Eltern nicht, da sie diese nie gehört haben.

In meinem Dorf spricht man sich also nicht mit seinem Namen, sondern mit seinem *ndap* an – oder besser gesagt mit seinen *ndap*, da jeder mindestens zwanzig besitzt. Und sollte es wirklich unvermeidbar sein, den homonymen Namen zu nennen, dann nur in Verbindung mit einem *ndap*, um damit einen genaueren Hinweis auf die eigene Herkunft zu geben. Daher nennt man nur sein eigenes Homonym beziehungsweise das der Mutter, niemals jedoch das des Vaters, durch den die betreffende Person ja in keinem Fall identifiziert werden kann.

Egal ob man sich also an den Präsidenten Kameruns oder an den Niedrigsten seiner Bürger wendet, immer spricht man sein Gegenüber mit dem jeweiligen *ndap* an. Deshalb ist der *ndap* auch ein Ausdruck der Gleichwertigkeit unter den einzelnen Menschen eines Dorfes, ja sogar des gesamten Landes.

Gewöhnlich übersetzt man *ndap* mit »lobende Anrede«. Will man jemandem im alltäglichen Leben für einen Gefallen oder ein Geschenk danken oder freut man sich einfach, ihn zu sehen, so redet man ihn mit seinem ersten *ndap* an. Je mehr man seine Sympathie oder seine Dankbarkeit ausdrücken möchte, umso häufiger erwähnt man auch die anderen *ndap* seines Gegenübers. Dabei ist es nicht verboten, neue, der Situation entsprechende Namen zu erfinden.

Diese Beinamen, die eine Person näher charakterisieren oder würdigen, sind jedoch weit mehr als einfache Freundschafts- und Dankbarkeitsbekundungen oder Höflichkeitsfloskeln. Ihre Grundfunktion besteht darin, die Ahnenreihe und den geographischen Ort zu bestimmen, aus dem der betreffende Namensträger kommt. Dies ist zumindest die Rolle des ersten *ndap*, den jeder bei seiner Geburt erhält.

Und genau hier wird die Angelegenheit kompliziert. Der erste *ndap* wird dem Neugeborenen, unabhängig vom Geschlecht, in der Regel von der Mutter gegeben. Der Vater hingegen darf ihn nur an eine Tochter weitergeben. Kein Junge erhält seinen ersten *ndap* von seinem Vater. Somit können die Abstammung und die geographischen Wurzeln väterlicherseits bei einem Jungen nur über den *ndap* seiner Schwestern oder seiner eigenen Töchter ermittelt werden.

Nehmen wir wieder meine beiden Kinder Sophie und Rudolf als Beispiel. Die Tatsache, dass sie den Stammesführer der Bangangté zum Vater und eine Französin zur Mutter haben – eine völlig neue Situation –, ändert nichts an diesem Vorgehen. Für sie gilt dasselbe wie für jeden anderen Mitbürger auch.

Sophie erhielt bei der Geburt von ihrem Vater den *ndap* Sog nju', »sauber und wohlriechend« – einen *ndap*, den die Töchter der Stammesführer der Bangangté seit ewigen Zeiten tragen. Wird sie später eigene Kinder haben, so gibt sie ihren Töchtern den *ndap* Tchanko, ihren Söhnen den *ndap* Taleun Njà. Auf diese Weise wird man wissen, wer ihr Großvater mütterlicherseits war. Von mir hingegen bekam Sophie den *ndap* Miteu' Nya übertragen. Sie wird allerdings für mich keinen *ndap* an meine Enkelkinder weitergeben.

Was Rudolf angeht, so hat er zwar ein Recht auf meinen *ndap* Taguen Bet, der Stammesführer kann ihm jedoch keinen Namen übertragen. Wenn Rudolf sich vorstellt und näher erklären möchte, wer sein Vater ist, so wird er etwa sagen müssen: »Der *ndap* meiner Schwester ist Sog nju'.« Die Kinder meines Sohnes werden alle als »Kinder des Stammesführers« angesehen und nicht als seine Enkelkinder. In Bangangté gilt der Großvater väterlicherseits gleichzeitig als der Vater.

Trotz meiner ausländischen Herkunft habe auch ich weitere *ndap*. Und zwar schon seit meiner frühesten Kindheit. Dies ist nichts Außergewöhnliches. Ob man nur einige Tage in Bangangté verbringt oder viele Jahre, ob man mit einem Kind dieses Landes verheiratet ist oder nicht, man erhält mindestens einen *ndap*. In den meisten Fällen wird dieser Wahl-*ndap* dem der Kinder des Stammesführers am jeweiligen Aufenthaltsort entsprechen. Er fungiert also sozusagen als Adresse. Man wird daraufhin so behandelt, als wäre dieser Ort der Herkunftsort. Auch bei der Integration von Fremden spielt der *ndap* demnach eine Rolle. Dies sagt viel über die Gastfreundlichkeit der Menschen in meinem Dorf aus.

Ich selbst bin also französischer Herkunft und trage trotzdem zwei *ndap*. Den ersten, Ntechun, verdanke ich einer Freundin aus Kindertagen. Wir waren unzertrennlich und man nannte uns »die zwei Schwestern«. Und Schwestern haben normalerweise den gleichen *ndap*. Ihr Großvater mütterlicherseits war der Stammesführer Bangoulap. Genauso wie der Stammesführer der Bangangté der Großvater aller Mädchen mit dem *ndap* Tchanko ist, so besaß jede seiner Enkelinnen den *ndap* Ntechun, »Förderin von freundschaftlichen Beziehungen«. Dank meiner »Schwester« hatte ich also Anspruch auf den *ndap* Ntechun.

Viele Jahre später bin ich mit meinen beiden Söhnen Serge und Laurent aus erster Ehe, die in Frankreich geboren wurden, nach Bangangté zurückgekehrt. Eigentlich hätte ich ihnen nun den *ndap* meines Vaters geben müssen. Doch der Missionar Bergeret besaß ja keinen. Die protestantische Missionsstation Mfetom, in der ich meine Kindheit verbracht hatte, befand sich auf dem Gebiet des Stammesführers Mfen Shum Ntcho. Daher hatte man mir ebenfalls den *ndap* gegeben, den alle Töchter dieses Stammesführers erhalten: Ngon Ntcho, »Tochter des Krieges«. Durch diese Namensgebung, die meinen Herkunftsort bezeichnete, bekamen Serge und Laurent also den *ndap*, den alle Enkelsöhne von Mfen Shum Ntcho tragen: Taguen Bet. Diesen *ndap* besitzt auch Rudolf. Sophie hat ihrerseits neben dem *ndap*, den sie von ihrem Vater, dem Stammesführer der Bangangté, bekam, wie erwähnt den *ndap* Miteu' Nya wie alle Enkeltöchter, die von Töchtern des Stammesführers Mfen Shum Ntcho abstammen. Somit weiß jeder, wer der »Adoptiv«-Großvater mütterlicherseits meiner vier Kinder ist und kann daraus auch auf ihren leiblichen Großvater, den Missionar Bergeret, schließen.

Die Bangangté haben mir und meinen Kindern durch diese *ndap* eine weitläufige Familie mütterlicher- und väterlicherseits geschenkt, da ich als Enkelin des Stammesführers Bangoulap und Tochter von Mfen Shum Ntcho die Schwester aller Ngon Ntcho und aller Ntechun, aber auch ihrer Brüder bin. Auf diese Weise sind wir völlig in die Gesellschaft, in der wir leben, integriert. Gleichzeitig kann uns jeder, der uns zum ersten Mal begegnet, als Einzelperson einordnen, indem er unsere Ahnenreihe und zugleich den Ort, das Dorf, das Viertel unserer Herkunft erfährt.

Die *ndap* sind im alltäglichen Leben derart präsent, dass sie die zwischenmenschlichen Beziehungen bestimmen und bereichern. Mein Ehemann, der Stammesführer Nijké, trug selbst den *ndap* Taguen bet, den ich an meine Söhne über meinen eigenen *ndap* väterlicherseits weitergegeben habe. Treffe ich einen Taguen bet, so nehme ich in dem Gespräch – je nachdem in welcher Beziehung ich zu der betreffenden Person stehe, beziehungsweise welche Stellung sie innerhalb der Gesellschaft innehat – mal die Position seiner Frau, mal die seiner Mutter ein, auch wenn ich ihm zum ersten Mal begegne. Durch die unterschiedlichen Namen kann jeder nach Herzenslust verschiedene Rollen spielen, je nachdem, wie er gerade gelaunt ist oder wen er trifft. Sein Auftreten wird daher unter Umständen zu einer Art Theatervorstellung, in der er improvisiert. Dieses Verhalten amüsiert die anderen und gibt ihm selbst die Möglichkeit, seinen täglichen Problemen zu entfliehen und Abstand von ihnen zu gewinnen, indem er sich ablenkt. Der *ndap* erzeugt Situationen voller Humor und Poesie, er macht die Beziehungen zwischen den Menschen herzlich und spontan und erweckt sie immer wieder zu neuem Leben.

Ich habe weiter oben einige *ndap* übersetzt. Niemand widmet ihrem eigentlichen Sinn jedoch besondere Aufmerksamkeit. Häufig ist dieser Wortsinn sogar verloren gegangen, genauso wie französische Vor- und Nachnamen auch nicht ihrer Etymologie nach erfasst werden. Wenn ich mich als Ntechun vorstelle, sieht mein Gesprächspartner nicht »die Förderin von freundschaftlichen Beziehungen« in mir, sondern die Enkelin des Stammesführers Bangoulap. Trotzdem kommt es vor, dass man sich über einen *ndap* lustig macht, der eine etwas triviale Bedeutung hat. Manchmal prägt der ursprüngliche Wortsinn auch den Charakter in einer bestimmten Art und Weise. Allerdings ist schwer zu beurteilen in welchem Umfang. Es ist auch sicher nicht das eigentlich angestrebte Ziel. Dieses besteht eher in der Sammlung des ersten und der ungefähr zwanzig weiteren *ndap*, damit ein Bangangté die Persönlichkeit seines Gegenübers fast unmittelbar und spontan einordnen kann.

Die Kinder nehmen all diese Namensbezeichnungen auf, während sie sprechen lernen. Sie benötigen sie im täglichen Leben, um mit den Menschen in ihrer Umgebung zu kommunizieren. Ich selbst habe letztendlich dadurch, dass ich mich fragte, woher die Menschen kamen, denen ich begegnete, die Namen und die Lage aller Dörfer in meiner Umgebung kennen gelernt. Dank dieser fortwährenden geistigen Übungen erfuhr ich nicht nur ihren Wohnort, sondern auch ihre Charaktereigenschaften, die positiven wie die negativen, die jedem gemäß seinem Herkunftsort zugeschrieben werden, zusammen mit allen Legenden, die über sein Dorf oder sein Viertel kursieren.

Die Bangangté behaupten beispielsweise, dass die Bakong, die Bewohner eines benachbarten Gebietes, nicht gerade durch besondere Intelligenz auffallen. Um diese Behauptung zu untermauern, erzählen sie gern die Geschichte eines Bakong, der ein wunderschönes Haus gebaut hatte, das von allen bewundert wurde. Je mehr man ihn beglückwünschte, desto eingebildeter stolzierte er umher. Er musste nur noch die Ränder seines Strohdaches abgleichen. Durch so viel Lob ganz verwirrt, kam er auf die Idee, es wäre schneller, die überstehenden Halme abzubrennen, anstatt sie abzuschneiden. Man kann sich das Ende vorstellen: Von dem schönen Haus blieb nur ein Haufen Asche übrig.

Die Bakong bestreiten diese Geschichte nicht, nur ihren Ausgang. Zu ihrer Rechtfertigung bringen sie vor, das Haus dieses Mannes wäre so schön gewesen, dass er Angst vor der Eifersucht der Leute, insbesondere vor dem Neid seines Stammesführers hatte. Um sich keinen unnötigen Ärger einzuhandeln, hätte er es daher vorgezogen, es zu zerstören und sich ein weniger schönes Heim zu bauen.

Ich möchte in diesem vergnüglichen Streit keine Partei ergreifen. Trotzdem: Wenn ich anhand des *ndap* erkennen kann, dass mein Gegenüber aus Bakong kommt, so kann ich nicht umhin, an diese Geschichte zu denken, und mache mir ein entsprechendes Bild von der Persönlichkeit meines Gesprächspartners. Ein weiterer Vorteil ist, dass ich es mir außerdem erlauben kann, diese Person ein wenig aufzuziehen, so wie ich es bei einem alten Freund machen würde, obwohl ich sie eine Minute zuvor noch nicht einmal kannte. So dienen die *ndap* auch dazu, freundschaftliche Beziehungen aufzunehmen.

Jedes Dorf verleiht seinen Bewohnern Namen, die auf bestimmte Charakterzüge und spezielle Verhaltensweisen hindeuten. Auch die Bangangté sind in diesem Punkt nicht schlechter gestellt als die anderen. Man sagt über sie, sie seien die *Ba nô tchag ku njù*, das heißt »diejenigen, welche beim Schlafen in ihren Häusern die Füße draußen lassen«. Die Bangangté brüsten sich nämlich damit, adliger Herkunft zu sein. Und Adlige müssen nicht arbeiten. Sind sie dennoch dazu gezwungen, so behaupten zumindest ihre Nachbarn, dann tun sie so wenig wie möglich. Aus dieser Philosophie folgt, dass die Größe ihrer Häuser proportional zu ihren Anstrengungen ist: Man kann nicht einmal mit dem gesamten Körper darin Platz finden, so klein sind sie gebaut. Deswegen müssen die Füße draußen schlafen.

Die *ndap* und ihre Träger sind im Gebiet des Flusses Ndé in zwei große Gruppen unterteilt. Die *Dibas* sind alle Bangangté, welche in dem Ruf stehen, ohne Umschweife zu reden und zu handeln, und die *Nghùm*, die von den Bangoulap abstammen. Letztere haben eine verschlüsselte Sprache, und daher wird ihnen unterstellt, sie hätten die Angewohnheit, auf eine für Uneingeweihte unverständliche Art und Weise zu handeln. Wie oft bin ich zum Spaß als *Nghùm* behandelt worden, da ich als Enkelin des Stammesführers Bangoulap gelte. Man unterstellte mir, dass meine Worte nicht ganz ernst zu nehmen seien und ich meinem Gegenüber einen Streich spielen wolle. Meine Namensbezeichnungen wurden mir jedoch nur übertragen.

Diese Späße und Sticheleien schaffen ganz spontan eine freundschaftliche Verbundenheit unter den einzelnen Menschen, und zwar schon von der ersten Begegnung an. Ich bin übrigens der Meinung, der Ruf – gut oder schlecht, tatsächlich oder unterstellt –, den jeder *ndap* stillschweigend mit einschließt, hat schließlich im Laufe der Jahrhunderte die Persönlichkeit der Namensträger und ihres ganzen Dorfes geprägt.

Über die Späße hinaus, die nur selten aggressive Formen annehmen, besitzen diese allgemeinen Charakterzüge, die den so »verorteten« Menschen zugeschrieben werden, auch eine politische Funktion. Die Stammesführer glauben, bei ihren Audienzen oder in der Rechtsprechung die Persönlichkeit ihrer Untertanen durch die Angabe des *ndap* besser einordnen zu können. Sie erkennen, heißt es, auf diese Weise sehr schnell, wen sie vor sich haben. Somit unterstützen nach Auffassung der Bangangté die *ndap* die traditionell Verantwortlichen bei ihren Regierungsaufgaben.

Neben dem Effekt der Verbrüderung unter allen Mitgliedern einer Gemeinschaft, aber auch der Integration von Fremden und der Entfaltung individueller Freiheit übernehmen die *ndap* auch innerhalb der Familie eine verbindende Rolle. Insbesondere durch die in Bangangté so genannten »*ndap* im Zusammenhang mit der Aussteuer«. Wenn ein Mann heiratet, zahlt er – wie wir später noch sehen werden – dem Vater seiner Frau eine Aussteuer. Wird das Paar später geschieden oder stirbt der Ehemann, so heiratet die Frau bestimmt wieder und wird weitere Kinder mit einem anderen Mann oder gar mit vielen anderen Männern haben. Doch alle Kinder aus dieser oder den späteren Verbindungen erhalten den *ndap* des ersten Mannes ihrer Mutter, also des Mannes, der die Aussteuer bezahlt hat. Daher besteht zwischen den Kindern überhaupt kein Unterschied. Es gibt keine Halbschwestern oder -brüder, sondern eine Gemeinschaft von Geschwistern, eine vollständige und einheitliche Familie, denn alle werden demselben Vater zugeordnet. Dieses Vorgehen verhindert eine Spaltung der Kinder.

Jeder Einzelne besitzt mindestens zwischen zehn und zwanzig Namen, vielleicht auch mehr, wenn er überhaupt alle kennt. Es besteht jedoch keine Gefahr, dass dabei Unklarheiten über die eigene Persönlichkeit entstehen. Die Kinder, mit denen ich lebe, wissen sofort, dass sie gemeint sind. Ich habe nie Unsicherheit oder Verwirrung deswegen bei ihnen bemerkt. Außerdem ist der *ndap* nicht unveränderbar. Er entwickelt sich mit den besonderen Eigenschaften seines Trägers. Es ist durchaus möglich, dass meine Hautfarbe, meine französische Herkunft, mein abenteuerlicher Lebenslauf, mein besonderes Schicksal im Schoße der Bangangté eines Tages zu meinen übrigen Namen wie Ntechun und Ngon Ntcho einen weiteren *ndap* hinzufügen werden. Die *ndap* sind die Bücher unserer eigenen Geschichte, gleichsam unsere eigenen Heldensagen.

Neben den *ndap*, den gleichlautenden Namen, verfügen fast alle Bangangté über einen Beinamen, der hier *lèn ngue'* genannt wird. In diesem Land, wo die Fantasie der Menschen blüht, gibt es ebenso viele Beinamen wie verschiedene Umstände bei der Geburt eines Kindes. Da hört man von Kesetà, »der nie seinen Vater gesehen hat«, da dieser noch vor seiner Geburt starb; oder Mà'ngwà, »den man verstoßen und verlassen hat«, entweder aus obigen Gründen oder weil sein Vater seine Mutter verlassen hat; oder auch Me là' wu, »ich bin niemandem böse«, vielleicht weil die Umstände so waren, dass die Mutter und ihr Neugeborenes nicht in dem Maße umsorgt wurden, wie es nach einer Entbindung erforderlich ist. Diese Spitznamen sind einer fantasievoller und poetischer als der andere. So auch die Namen meiner Kinder Sophie und Rudolf. Meine Tochter erhielt bei ihrer Geburt den Beinamen Tànmfû, »die Grille des Blinden«. Diese Grille fällt, angezogen durch das Licht einer Lampe, in die Hände des Blinden, der auf diese Weise die Gelegenheit bekommt, einen schmackhaften Leckerbissen zu genießen, ohne suchen zu müssen. Ebenso war Sophie ein Geschenk Gottes an ihren Vater, den Stammesführer der Bangangté, und an sein gesamtes Volk, da mein Ehemann die Mutter der »Grille des Blinden« nicht am Ende der Welt suchen musste – obwohl diese Mutter aus einem fernen Land kam.

Der Beiname meines Sohnes Rudolf ist trauriger, aber genauso aussagekräftig und bedeutungsvoll: Nsi vù, »der Korb der Trauer«. Bei der Nennung dieses Namens wird jeder wissen, dass er direkt nach dem Tod eines der Familie nahe stehenden Menschen geboren wurde. Dank der Freude über seine Geburt war er jedoch auch der Trost seiner Familie. Rudolf wurde nämlich drei Tage nach dem Tod der Mutter des Stammesführers geboren. Bei der Ankündigung dieses Ereignisses ließ der Stammesführer seine Familie und das Volk der Bangangté wissen, dass alle ihre Tränen trocknen und sich nur noch über die Ankunft seines Sohnes freuen sollten. Um als Beispiel voranzugehen, begab sich mein Mann in das Haus seiner Mutter und tanzte die rituellen Freudentänze anlässlich der Geburt eines Kindes, wobei er alle aufforderte, es ihm gleichzutun.

Ich kann dieses Kapitel nicht beschließen, ohne eine weitere Form der Anrede zu erwähnen, die der Kultur der Bangangté eigen ist: der so genannte *ntôde*, durch den man einen anderen entweder sehr distanziert oder auf eine sehr liebevolle und intime Art ansprechen kann. In Wirklichkeit handelt es sich dabei nicht um einen zusätzlichen Namen, sondern vielmehr um einen Schrei, der manchmal weithin hörbar ist. Doch da es nicht genügend *ntôde* für jeden Namen gibt, musste man sie gruppenweise zuordnen. So haben zum Beispiel alle Personen, deren Name mit »Wa« beginnt, wie Watong, Wandja, Watat und so weiter, den *ntôde* »Oulouou«. Man stößt diesen Schrei ganz locker aus, ohne die Stimme anzustrengen. Je weiter die betreffende Person entfernt ist, desto spitzer klingt er. Zu den Namen, die mit »Ni« beginnen, gehört der *ntôde* »Holloko«, zu »Nga« der *ntôde* »Hollo« und so weiter. Es gibt auch einen allgemeinen Schrei, den man bei allen anwenden kann, deren *ntôde* man nicht kennt, oder bei alten Menschen: »Ou'houou.« Dies bedarf wohl keiner Übersetzung.

Zeit der Trauer,
Zeit der Zusammengehörigkeit

Unser Schicksal liegt in Gottes Hand.

Wie wir gesehen haben, sind die Kinder durch den *ndap* tief mit ihren Vorfahren verwurzelt, auch wenn sie lange Zeit nicht in ihrem Dorf leben. Dieser ungeschriebene Pass, der aus rund zwanzig Namen und Bezeichnungen besteht, begleitet sie in ihrem Gedächtnis überall hin. Daher fühlt sich jeder mit seinen Mitmenschen durch diese Wurzeln, die Kultur und die gemeinsame Geschichte verbunden. Die Verbundenheit mit den Vorfahren, den Lebenden, den Verstorbenen, der Erde und den Traditionen geht so von Generation zu Generation nicht oder nur sehr selten verloren.

Dieses Gefühl der Zusammengehörigkeit und der Einheit zu erhalten war seit Jahrhunderten die Aufgabe des Häuptlingshofes: eine Einheit eines bestimmten Gebietes oder eine menschliche Gemeinschaft, geleitet von einem Stammesführer. Etwa vom 14. Jahrhundert bis zur Kolonisierung lebten die Völker des Bamiléké-Landes in Stammesgemeinschaften, die verschiedene Gebiete besiedelten, deren Größe je nach ihren Eroberungen variierte. Verfolgt man jedoch die Geschichte der Bangangté, die seit Gründungszeiten mündlich überliefert wurde, dann bemerkt man, dass die Kontakte zwischen diesen verschiedenen Gemeinschaften weit weniger eingeschränkt und kriegerisch waren, als man vermutet.

Vor sehr langer Zeit gab es keinen Stammesführer im Territorium der Bangangté. Dies ist so lange her, dass es keine Bezugspunkte mehr gibt, wonach man die genaue Epoche bestimmen könnte. Jede Großfamilie oder jeder Clan verwaltete sich selbst und unabhängig von den anderen. Vier dieser Familien waren ihren Patriarchen Njalang, Njanzwe', Njambia' und Njantshabang gefolgt und aus dem Bamoun-Gebiet ausgewandert. Ihre Erben spielen auch heute noch eine sehr große Rolle in der Verwaltung am Hof des Stammesführers der Bangangté.

In der Folge gingen die Zwillinge Ngami und Nkammi aus dem Féko-Gebiet auf dem Terrain, das damals noch nicht den Bangangté gehörte, zur Jagd. Sie trennten sich, und jeder ging seiner Wege. Ngami ließ sich bei dem Patriarchen Njanzwe' nieder. Er erlangte sein Wohlwollen und seinen Schutz, indem er ihm einen Teil seiner Jagdbeute schenkte und Fleisch und Holz an seine Familie und seine Untertanen verteilte. Er war daher ein geachteter und gefürchteter Mann, und sein Einfluss erstreckte sich nicht nur auf die vier Familien, die vor langer Zeit aus dem Bamoun-Gebiet gekommen waren, sondern auch auf die sesshaften Völker, die schon immer in diesen bäuerlichen Regionen gelebt hatten.

Er organisierte sie neu und stellte Regeln auf, um sie besser führen zu können. Dann ließ er zahlreiche Mitglieder seiner Familie aus Féko kommen und adelte sie, damit sie ihn bei den Regierungsaufgaben unterstützten. Intelligenterweise gaben die Eroberer ihre Traditionen und vor allem ihre Sprache auf und nahmen die der Eingeborenen an, die sie bezwungen hatten. Dies geschah so vollständig, dass bald nicht einmal mehr der kleinste kulturelle Unterschied zwischen Regierenden und Regierten festzustellen war. Alle Ämter wurden vom Vater auf den Sohn übertragen. Der Stammesführer besaß große spirituelle und weltliche Macht, um seine Aufgaben in Politik, Rechtsprechung und Religionsausübung erfüllen zu können. Er war jedoch kein Erbe im europäischen Sinn: Er war nicht der Besitzer der Ländereien seines Hofes, sondern hatte nur den Auftrag, die Errungenschaften der Vorfahren im Interesse aller zu erhalten.

Die menschlichen Werte, die Weisheit der Vorfahren und das gesamte Regel- und Gesetzessystem, welche die Beziehungen der Menschen untereinander und ihr Verhältnis zu ihrem Land bestimmten, wurden von den späteren Kolonialherren aus Europa mit dem Namen »Traditionen« übersetzt. Einige davon entwickelten sich zusammen mit den Veränderungen der Umgebung weiter. Sie hatten und haben noch immer zwei Hauptaufgaben: den Zusammenhalt der Bevölkerungsgruppen um ihren Stammesführer, dadurch dass sie sich mit ihrem Land verbunden fühlen, und die Erhaltung der natürlichen Umgebung, von der früher das Überleben der Gemeinschaft abhing.

Trotz der europäischen Kolonisation und der Christianisierung wurden die Stammesführer nicht abgesetzt. Der zunehmende Einfluss des Westens auf die Menschen durch die Schule und nach der Unabhängigkeit auch durch den verstärkten Druck eines zentralisierten Staates haben diese autonomen Regierungsformen jedoch ins Wanken gebracht und geschwächt. Es ist verwunderlich, dass die Höfe der

Stammesführer – unter der Kontrolle der Regierung, ohne den lebendigsten Teil ihrer Bevölkerung, die ihr Glück in den Städten sucht, und ohne die Macht des Geldes, da sie wirtschaftlich völlig unrentabel arbeiten – nicht schon längst verschwunden oder zumindest zu Museen geworden sind. Auch wenn ihre weltliche Macht beträchtlich abgenommen hat, so bleiben die Bindungen zwischen den traditionellen Stammesführern und ihrem Volk in Wirklichkeit doch lebendig, tief verwurzelt und unvergänglich.

Immer wieder lässt sich beobachten, dass die Angehörigen verschiedener Stammeshöfe die Bindungen an ihr Geburtsland, ihr Dorf und ihre Vorfahren nicht gelöst haben, auch wenn sie nicht mehr dort leben. Sie wenden sich immer noch an den Stammesführer, um ihre Streitigkeiten zu regeln, da er der Hüter der Weisheit ihrer Vorfahren ist. Zudem leben sie größtenteils nach den Riten, die sie mit ihrer Herkunft verbinden.

Bei einem Besuch wird dies schnell sichtbar: Die Höfe der Stammesführer sind lebendige Orte geblieben, sie übernehmen wichtige Aufgaben, allen Stürmen zum Trotz und entgegen den Eingriffen des modernen Lebens, das die Menschen voneinander entfernt, sie entwurzelt und isoliert. Worin liegt das Geheimnis, durch das sie ihre verbindende Kraft, ihre vereinigenden Werte bewahren konnten?

Hierfür gibt es drei Gründe. Zuerst einmal sind die Stammeshöfe Zellen, die aus Menschen bestehen und die sehr starke Beziehungen unter den einzelnen Individuen fördern. Zweitens achten sie die natürliche Umgebung, in welcher sie leben, und bieten den Menschen Halt, indem sie ihnen Wurzeln geben.

Und schließlich überliefern sie die Traditionen von einer Generation zur nächsten, so dass auch ihre jüngsten Mitglieder Zugang zur Weisheit der Vorfahren haben.

Im Laufe der Jahrhunderte haben diese Traditionen die Mentalität der Menschen weitaus stärker als die Landschaft geprägt. Denn es ist schwierig, nach außen unsichtbare Werte zu zerstören. Vielleicht konnte die europäische Kolonisation deshalb nicht immer den Einfluss ausüben, den sie auf diese mündlich überlieferten Kulturen gern gehabt hätte.

Die starken Bindungen, welche die Ahnen mit den Lebenden, die Vergangenheit mit der Gegenwart, die Menschen mit ihrem Land, den Hof des Stammesführers mit seinen Untertanen, das Individuum mit seiner Familie vereinen, zeigen sich am deutlichsten bei den Trauerfeierlichkeiten.

Bei den Bangangté werden die Toten im Dorf begraben. Nur wer keine Angehörigen hat, wird auf einem der seltenen städtischen Friedhöfe beerdigt. Häufig trifft man auf der Straße einen langen Zug Autos an – manchmal auch nur ein einzelnes Auto, je nach den finanziellen Möglichkeiten der Familien –, die einen Verstorbenen durch ganz Kamerun bis zu seiner letzten Ruhestätte begleiten.

Bei der Beerdigung versammeln sich Verwandte und Freunde, die unter Umständen aus der ganzen Welt anreisen, im Schatten der Grabhütte, die jeder Bangangté auf seinem Grundstück errichten sollte, damit er nicht mitten in der Wildnis an einem verlassenen Platz begraben wird. Die Totenwache hält man jedoch in der weit entfernten Stadt ab, wo der Verstorbene gelebt hat, im Kreis seiner Eltern und

Freunde, die er dort gewonnen hatte und die sehr oft keine Bangangté sind. Während dieser Wache werden die Wohnviertel der großen Hauptstädte zu einem Schmelztiegel, in dem sich die vielfältigen Kulturen Kameruns vereinigen und austauschen, ohne dabei ihre besonderen Eigenheiten zu verlieren.

Doch zurück nach Bangangté. Die Trauer- und Begräbniszeremonien sind weit mehr als eine Gelegenheit, Menschen wiederzusehen, die in ihrem Land oder gar weltweit in alle Windrichtungen verstreut wohnen. Selbst wenn der Verstorbene zu seinen Lebzeiten eher ein Einzelgänger war, reisen immer zahlreiche Trauergäste an. Weniger bedeutsame Beerdigungen versammeln mindestens um die tausend Personen, die unbedingt ein letztes Mal das Gesicht des Toten sehen möchten.

Dank moderner Methoden zur Konservierung des Leichnams können die Bangangté die manchmal sehr lange Zeitspanne überbrücken, die nötig ist, um den Verstorbenen in seine Heimat zu überführen und seinen Verwandten genügend Zeit für die Rückkehr in ihr Land zu geben. Die traditionellen Vorgehensweisen sind jedoch keinesfalls in Vergessenheit geraten: Man bedeckt den Leichnam mit jungen Bananenstämmen, verschließt alle Körperöffnungen mit zerstoßenen Tabakblättern oder balsamiert den Toten mit einer Paste aus Maniok ein. In jedem Fall scheut die Familie keine Kosten. Sie verschuldet sich manchmal sogar, um die teure Konservierung des Körpers und die langen Anreisen zu bezahlen, denn dieser Brauch liegt ihr am Herzen. Dadurch wollen die Hinterbliebenen aber nicht ihre Trauer und ihren Kummer öffentlich zur Schau stellen. Diese Sitte ist vielmehr tief im Wesen der Bangangté – wie generell in dem der Kameruner – verwurzelt.

Ich muss gestehen, dass ich selbst mich von diesen Begräbnisveranstaltungen, die für die Menschen aus meinem Dorf so wichtig sind, weitestgehend fern halte. Wie alle Bangangté bin ich mit so vielen Menschen verbunden, so vielen Müttern, Vätern, Brüdern, Schwestern und Kindern, dass ich den größten Teil meiner Zeit damit verbringen müsste, sie zu ihrer letzten Ruhestätte in irgendeinem Viertel meines Dorfes oder meiner Region zu begleiten. Dafür müsste ich ganz Kamerun durchqueren oder sämtliche Wochenenden opfern. Ich bleibe lieber im Busch, im Tal des Flusses Noun, bei den Menschen, mit denen ich meinen Alltag teile. Außerdem mag ich Massenveranstaltungen nicht. Als ich noch am Hof des Stammesführers lebte, erfüllte ich allerdings recht gern die Wünsche meiner Mitfrauen oder des Stammesführers. Denn meistens fuhr ich die Trauernden im Auto zu den Beerdigungen der zahlreichen Familienmitglieder meines Mannes oder einer seiner Frauen. Ich werde versuchen, meine Erlebnisse und Gefühle aus dieser Zeit anhand meiner Erinnerungen zu rekonstruieren. Denn die Trauerfeierlichkeiten gehören zu den schönsten kulturellen Veranstaltungen der Bangangté. Sie sind ein wahres Feuerwerk an Gesängen, Tänzen, prächtigen Trachten und, nicht zuletzt, auch an kulinarischen Genüssen.

Das Ganze beginnt sehr traurig, nämlich mit der so genannten »tränenreichen Trauer«. Die Frauen nähern sich dem Bestattungsort und beginnen, sobald sie ihn sehen können, zu weinen und zu singen. Alle, die schon dort sind, antworten ihnen im Chor. Häufig zerreißen sie ihre Kleider und wälzen sich im Staub. Solange der Leichnam im Haus aufgebahrt wird, schlafen sie die ganze Nacht über, direkt auf dem Boden liegend, auf getrockneten Bananenblättern. Selbst sehr reiche Leute kann man beobachten, wie sie ohne Zögern auf ihre Bequemlichkeit verzichten. Es ist, als ob alles andere bedeutungslos geworden wäre, und wir werden daran erinnert, dass jedes Lebewesen am Ende seines Weges verschwinden wird und es nichts bringt, an irdischen Gütern festhalten zu wollen.

Die Männer hingegen dürfen nicht weinen. Trotzdem können einige ihre Tränen nicht zurückhalten, so groß ist ihr Kummer.

Dann kommt der Tag der eigentlichen Beisetzung. Jemanden beerdigen heißt *ne tshong i*, wörtlich übersetzt »jemanden anbinden« oder »fesseln«, damit er sich nicht mehr bewegen kann. Denn die Toten sind nicht wirklich tot, sie sind nur stumm geworden. Sie hören uns, und sie können mit uns kommunizieren – sei es durch unsere Träume oder durch lebende Medien.

Üblicherweise werden sie im Schatten ihres eigenen Hauses begraben; die Frauen beerdigt man hinter dem Haus des Ehemannes, der ihre Aussteuer bezahlt hat, auch wenn sie inzwischen einen anderen Mann geheiratet haben; die Kinder hinter dem Haus ihres Vaters, ebenso wie die Frauen, die offiziell nicht verheiratet waren. Früher begrub man die Toten ohne Sarg. Der Leichnam wurde in Stoff oder eine Decke eingehüllt und durch eine Bambuskonstruktion vor der Erde geschützt. Heutzutage variieren die Gräber je nach ihrer Größe und die Särge nach ihrem Preis.

Das tränenreiche Beweinen des Verstorbenen beginnt an jedem Abend von neuem. Vor dem »Rat der Neun«, der den ersten Teil der Trauerzeremonien abschließt, kommt die Zeit des *mu*, wie die gesamte Phase der Totenwache genannt wird. Sie zieht sich manchmal über einen ganzen Monat lang hin. Die Dauer richtet sich nach der Wichtigkeit des Toten. Der *mu* spielt sich nachts ab. Diese Periode trägt dazu bei, die Trauernden zu trösten und sie von ihrem Kummer abzulenken. Gleichzeitig erhitzt sie – in diesem Land der Berge – die Gemüter der Menschen, die durch ihre Trauer oft so geschwächt sind, dass sie teilnahmslos und depressiv werden. Dank der rhythmischen und spontan improvisierten Spiele und Tänze bleiben die Trauernden manchmal bis zum Morgen wach. Alle dürfen mitmachen, insbesondere auch die Kinder. In dieser Zeit herrscht eine sehr intensive Gemeinschaft, während der alles geteilt wird. Man isst, tanzt und singt zusammen, begleitet vom Tamtam der Trommeln; manchmal wird geweint, ohne jedoch dabei den Gesang zu unterbrechen; vor allem redet man über alles: über den Verstorbenen, die Welt der Vorfahren, die Bräuche, den Glauben, die alten Legenden oder über aktuelle Ereignisse. Die Totenwache ist daher auch eine Zeit der Erziehung, Wissensvermittlung und Initiation der jungen Leute. Zudem hilft sie ihnen, das Loch, das der Verstorbene hinterlassen hat, zu überwinden.

Dann kommt der Tag, an dem man wieder auseinander gehen muss, der so genannte »Rat der Neun«. Die Familienmitglieder des Toten sowie einige seiner engsten Freunde rasieren sich den Kopf. Will oder kann man dies aus persönlichen Gründen nicht vollständig tun, dann schneidet man eben nur ein Büschel Haare ab. Niemand wird daran etwas auszusetzen haben. Manchmal wollen sich junge westlich beeinflusste Frauen aus Eitelkeit überhaupt keine Haarsträhne abschneiden lassen. Sie fürchten ironische Bemerkungen von anderen, die solche Rituale für unnötig erachten. Ich selbst habe den tieferen Sinn dieses Verhaltens nie genau verstanden. Jedes Mal, wenn ich die Hintergründe erfragen wollte, bekam ich zur Antwort: »Weil man es eben so macht.« Ich glaube, man traute sich nicht, mir die eigentlich zu erwartende Antwort ins Gesicht zu sagen, denn es heißt, die Kameruner antworten auf eine Frage normalerweise mit einer Gegenfrage:

»Warum interessieren dich die Gründe für die Rasur nach der Trauerperiode, wenn du selbst es nie machst?«

Ich muss zugeben, dass dies stimmt. Ich habe mir noch nie den Kopf rasiert, gleich wie groß meine Trauer war. Der Grund hierfür ist einfach: Im Land meiner Eltern hat das Rasieren des Kopfes andere Bedeutungen, und ich möchte mich nicht lächerlich machen. Alle Menschen in meiner Umgebung hier verstehen dieses Verhalten.

Nach dem Schneiden der Haare kehrt man den Boden im Haus des Toten. Diese Aufgabe wird von einem *mekaat*, einem Enkelkind mütterlicherseits, ausgeführt, und zwar nachdem die Trauergäste Geld auf die Erde geworfen haben. Den ganzen Vormittag über wird der *ne diang kà vù* getanzt: Dabei tanzt man im Kreis hinter dem Erben beziehungsweise der Erbin um die Musiker herum. Dieser Tanz wird von einem Instrument mit einem schwermütigen Klang begleitet, das eine langsame Melodie spielt. Die Tänzer und Zuschauer weinen und antworten im Chor auf den Gesang eines einzelnen Vorsängers. Währenddessen ertönen Gewehrschüsse aus alten Waffen, die mit Schießpulver gefüllt werden. Dies geschieht über dem Kopf des Erben oder der wichtigsten Kinder, um sie besonders zu ehren. Der Erbe trägt Pferdeschweife an seinen Schultern, die an einem verzierten Griff befestigt sind. Auf dem Kopf hat er einen *makwa*, eine Art geflochtener Korb aus Federn. Durch den ohrenbetäubenden Donnerschlag der Schüsse töten die Familienmitglieder und Freunde symbolisch den Tod.

Nach einem Festessen, bei dem bestimmt wird, wann die Trauerfeierlichkeiten fortgesetzt werden, löst sich die gesamte Trauergesellschaft auf und jeder geht nach Hause. Die Fortsetzung kann einige Monate, ja sogar Jahre später stattfinden. Manchmal trifft man sich sogar erst ein halbes Jahrhundert nach dem Todesfall wieder. Hat jemand seine Eltern nicht den Riten entsprechend beerdigt, so wird er bei seinem eigenen Tod nicht betrauert. Zuerst müssen seine Kinder die Nachlässigkeit wieder gutmachen, bevor sie den neuen Todesfall beklagen können. Sie begeben sich daher zunächst zum Grab ihrer Großeltern, um »der Trauer das Feuer zu nehmen« und Gewehrschüsse abzufeuern.

Die eigentlichen Trauerfeierlichkeiten bilden also den zweiten Teil der Zeremonien. Häufig bedeuten sie das Ende der Trauerperiode für alle, die Schwarz oder Weiß tragen. Die Farbe der Witwen ist Blau. Auch wenn die Tänze durch den traurigen *ne diang kà vù* eingeleitet werden, sind die nachfolgenden Veranstaltungen ein reines Vergnügen. Die Erben und ihre Familien feiern auf diese Weise die Erinnerung an den Verstorbenen durch ein freudiges Fest, das die ganze Nacht und auch den nachfolgenden Tag über andauert.

Die Familienmitglieder des Toten haben Kronen aus geflochtenen Kartoffelblättern. In dem ohrenbetäubenden Getöse aus Tamtams, Gewehrschüssen, verschiedenen Schlaginstrumenten und den sich endlos wiederholenden Wechselgesängen scheinen sie keine Müdigkeit zu verspüren und über die Schmerzen des Lebens erhaben zu sein. Dies ist umso erstaunlicher, da die Zeremonie in drückender Sonnenhitze stattfindet. Denn für Begräbnisse wählt man die Trockenzeit des Jahres, die diesem Bauernvolk am meisten Freizeit lässt. Die Tänzer bewegen sich inmitten einer riesigen roten Staubwolke, was sie jedoch nicht im Geringsten zu stören scheint. Sie befinden sich in einem tranceartigen Zustand und sind völlig außer sich. Ihre Tänze sind weder erlernt, noch folgen sie einem bestimmten Vorbild. In ihnen kommt eine übersinnliche Kraft zum Ausdruck. Durch die eigentümlichen und farbenfrohen Gewänder werden die Bewegungen der Tänzer und ihre improvisierten Tanzschritte zu einem schillernden Getümmel. Sie vermitteln das Bild einer Welt, in der man sein ganzes Wesen dem Leben übergibt, an diese irdische Existenz, die uns wieder entflieht, weil sie uns gegeben und auch wieder genommen wird, ohne dass wir Einfluss darauf haben.

Unabhängig von der Anzahl der Trauergäste reist niemand ab, ohne sich vorher satt gegessen und getrunken zu haben. Ein Begräbnis ist ein Geschenk im

Namen eines geliebten verstorbenen beziehungsweise verstummten Wesens. Gleichzeitig ist es ein Symbol der Solidarität der Menschen. Die Vorbereitungen dauern Monate, manchmal sogar Jahre lang, um ein letztes Mal seinen Vater oder seine Mutter zu betrauern und Verwandte und Freunde, die zur Unterstützung aus diesem Anlass angereist gekommen sind, angemessen empfangen zu können. Die Trauerfeierlichkeiten sind also wirklich eine Zeit geteilten Leides und eines starken Zusammengehörigkeitsgefühls.

Sie werden zwar vom Erben organisiert. Es heißt jedoch häufig, die finanziellen Zusammenschlüsse von Privatpersonen, die in Kamerun weit verbreitet sind, seien wie eine Sterbeversicherung. Sein ganzes Leben lang unterstützt man die Trauerfeierlichkeiten anderer, damit deren Nachkommen ihrerseits den Trauernden helfen, wenn die Familie das eigene Begräbnis ausrichtet. Für die Bangangté stellen eindrucksvolle Beerdigungen vor allem eine moralische Befriedigung dar. Daher sind sie bereit, sich selbst zu übertreffen, manchmal sogar ihr ganzes Hab und Gut zu investieren, damit dieser Tag zu einem denkwürdigen Ereignis wird. Die Trauerfeierlichkeiten haben darüber hinaus einen unerwarteten Nebeneffekt: den wirtschaftlichen Aufschwung, der durch die damit verbundenen Kosten und Dienstleistungen entsteht. Denn auch Touristen lassen sich diese Zeremonien nicht entgehen. Ebenso wie ein Besuch im Louvre oder eine Gondelfahrt in Venedig gehören sie zu den Attraktionen des Landes. Wer hierher kommt, ohne eine Beerdigung erlebt zu haben, der hat nichts von Bangangté gesehen.

Tod bedeutet hier nicht das endgültige Ende. Er ist im Gegenteil eine Erneuerung, ein Zeichen von Kontinuität. Diese Kontinuität wird vom Erben repräsentiert, der *nju nda* heißt: »der das Haus verschlungen hat«. Dies darf man sich jedoch nicht wie im Mittelalter vorstellen, wo der Älteste das gesamte Vermögen, das Schloss und die Ländereien, erhielt, während die anderen sich unter seine Vormachtstellung begeben oder sich anderweitig durchschlagen mussten. Es ist auch nicht vergleichbar mit heutigen Gepflogenheiten, wo das Erbe auf den Pfennig genau bis zum letzten kleinen Teelöffel testamentarisch aufgeteilt wird.

In Bangangté sind die Güter unteilbar. Niemand macht vor seinem Tod ein Testament, um all seine Besitztümer, die er das ganze Leben lang angesammelt hat, unter seinen Nachkommen zu verteilen. Stattdessen diktiert man einfach seinen letzten Willen und bestimmt seinen Stellvertreter. Der Begriff »Stellvertreter« ist eigentlich zu schwach und ungenügend. Vielleicht sollte man eher der »Weiterführende« sagen. Mehr noch: Denn der Erbe *wird* gewissermaßen tatsächlich zur Person des Verstorbenen. Natürlich teilt man Andenken, Fotos und ähnliche Dinge mit den anderen Kindern. Den Hauptanteil der Güter bekommt jedoch der erwählte Erbe. Er soll ihn dafür benutzen, sich in der Nachfolge seines Vaters um alle Familienpflichten und dessen Witwen zu kümmern. So wird er auch für alle seine Geschwister zum Vater, und er wird außerdem Kinder mit ihren Müttern haben. War der Verstorbene eine angesehene Persönlichkeit, vererbt er sein Ansehen weiter. Allerdings erst, nachdem der Erbe eine mehr oder weniger lange Initiationszeit hinter sich gebracht, gewisse Bedingungen erfüllt und anschließend ihm auferlegte Prüfungen bestanden hat. Die Vorteile, die man aus einer Erbschaft zieht, wiegen die Last der damit verbundenen großen Verantwortung kaum auf.

Viele würden sich gern vor der Übernahme dieser Pflichten drücken. Niemand fragt sie jedoch nach ihrer Meinung. Darum heißt es auch: den Erben »einfangen«. Bis er gefangen wurde, weiß er nichts von seinem Glück. Hätte er es gewusst, wäre er vielleicht fortgegangen. Zumindest so lange, bis man eines seiner Geschwister geschnappt hätte – was ihm einige Sorgen erspart hätte.

Der Erbe wird meistens vor dem Tod vom Vater oder der Mutter gewählt. Ausschlaggebend sind Eigenschaften, die man gern bei seinem Nachfolger sehen würde: Uneigennützigkeit, Geduld, Organisationstalent, Arbeitswillen, Großzügigkeit, Opferbereitschaft… Im Allgemeinen erbt der Sohn vom Vater. Der Verstorbene hat jedoch manchmal auch eine seiner Töchter gewählt, sei es weil er keinen Sohn hatte oder weil seine anderen Kinder offensichtlich nicht die erforderlichen Eigenschaften besaßen. Umgekehrt gilt, dass gewöhnlich die Töchter ihre Mutter beerben. In gewissen Fällen besteht allerdings die Möglichkeit, den Erben auch unter seinen Neffen oder Nichten oder seinen Enkelkindern zu wählen. Ein Vorrecht des Ältesten gibt es nicht.

Es geht übrigens tatsächlich um ein Einfangen des Erbnachfolgers, allerdings ohne Gewalt. Die erste Aufgabe des gefangenen Erben besteht darin, sich um sämtliche Vorfahren zu kümmern. Nach einigen Jahren wird er dann den Schädel seines direkten Vorgängers holen und ihn zusammen mit denen seiner

Grab sich befunden hatte. Es gab jedoch überhaupt kein Anzeichen, das darauf schließen ließ, dass an diesem Ort jemand begraben war: Seit mehreren Jahren wurden dort Mais und Erdnüsse angepflanzt. Normalerweise hätte man irgendeinen Hinweis auf eine Grabstätte finden müssen: entweder einen Friedensbaum oder eine umgedrehte Flasche, die zur Hälfte in die Erde eingegraben worden war. Wahrscheinlich hatten die Kinder diese zerbrochen oder vielleicht sogar zum Spielen verwendet.

Auf jeden Fall blieb das Skelett unauffindbar. Völlig erschöpft gingen die Frauen zu einem *ngaka*, einem »Seher«, und fragten ihn um Rat. Er erklärte ihnen, das Skelett würde sich verstecken, da die Erbin nicht anwesend sei. Um diesen Fehler wieder gutzumachen, wollten nun alle das betreffende junge Mädchen aus der Schule holen. Allerdings verlief dieser Versuch auch nicht erfolgreicher. Die »Familie« gab zermürbt auf. Es ging das Gerücht um, die Nachforschungen hätten deswegen nichts ergeben, da die Verstorbene mit der Wahl ihrer Erbin nicht einverstanden gewesen sei. Ich habe das Ende der Geschichte nie erfahren.

Als direktes Verbindungsglied zu den Vorfahren hat der Erbe die Aufgabe, die Familie zusammenzuhalten. Deshalb muss er vor allem gemeinsame Treffen organisieren. Im Allgemeinen finden sie einmal jährlich am Familiengrab statt und bieten die Gelegenheit, sich zu sehen, aber auch eventuelle Streitigkeiten zu schlichten oder anstehende Arbeiten, den Bau neuer Häuser beziehungsweise notwendige Reparaturen an alten zu besprechen und zu organisieren. Unter Umständen wird auch darüber entschie-

Ahnen in eine Tonschale legen, die sich in einer kleinen Hütte in der Nähe der letzten Ruhestätte befindet. Sie wird *pa' tu* genannt: »Hütte der Schädel«.

Dieser Brauch hat nichts Makabres an sich. Häufig sind es sogar Jugendliche, die dieses Relikt ausgraben, einfach weil man sie darum gebeten hat. Das Ganze beeindruckt sie nicht mehr als das Öffnen eines Koffers. Es handelt sich auch nicht um eine geheime Zeremonie. Die Suche und Ausgrabung des Schädels geschieht vor den Augen und mit dem Wissen aller, einschließlich der kleinen Kinder.

Dadurch dass die Schädel im *pa' tu* gesammelt werden, erhält der Erbe zu allen Ahnen gleichzeitig Zugang. Er ist nicht ihr Wächter, er repräsentiert sie. Er ist zugleich sämtliche Vorfahren in einer Person. Er hört auf sie und kommuniziert mit ihnen entweder durch Träume, mit Hilfe eines lebenden Vermittlers oder auch durch Zeichen aus der Natur. Und die Ahnen hören ihrerseits auf ihn. Sie antworten ihm durch die gleichen Medien, wenn er sie für sich selbst oder die ganze Familie um Rat bittet.

Am Hof des Stammesführers sah ich eines Tages, wie die Königin, begleitet von einer Gruppe Frauen, sich mit der Hacke in der Hand dem mir gegenüberliegenden Haus näherte. Sie grüßten mich und erklärten mir, sie würden den Schädel einer Frau des Stammesführers holen, die seit mehr als zehn Jahren tot war. Während der nächsten zwei Tage verwandelten sie die Umgebung der Hütte der Verstorbenen in ein wahres Schlachtfeld. Der Reihe nach erschienen die Frauen, die der Beerdigung damals beigewohnt hatten, und die Diskussionen fanden kein Ende. Jede behauptete, sich genau zu erinnern, wo das den, ob einem jungen Menschen geholfen werden soll, der eine Lehre machen oder studieren möchte und selbst nicht genug Geld dafür aufbringen kann und dessen Vater es sich allein ebenfalls nicht leisten kann. Um all diese Probleme zu lösen, leisten die Familienmitglieder je nach ihrem Einkommen einen bestimmten finanziellen Beitrag. Wer selbst nichts besitzt, muss nichts geben.

Abgesehen von diesen organisierten Familientreffen und natürlich den Begräbnissen existieren bestimmte Sitten und Gebräuche, um den Zusammenhalt der zahlreichen Familien zu erhalten. Dadurch müssen alle Nachkommen in ihre Heimat zurückkommen, an die letzte Ruhestätte ihres Vaters.

Erstens werden die Ehefrauen des Vaters beziehungsweise des Großvaters – kurz: alle, für die das Oberhaupt dieses Hauses die Aussteuer bezahlt hatte – im gleichen Grab beerdigt. Daher fühlt sich kein Kind, egal welcher Generation es angehört, an diesem Platz als Fremder, denn es weiß, dass dort seine Mutter ruht.

Alle Kinder, deren Nabelschnur bei ihrer Geburt hier »versteckt« wurde, müssen an diesem Ort nach einem genau festgelegten Plan bestimmte Riten ausführen. So müssen sie beim *ngap-bum*-Ritual ein junges Hühnchen an einen besonders dicht bewachsenen Platz der Grabstätte, der *mbwe'* genannt wird, bringen. Sie setzen sich das Tier auf den Kopf, lassen es fliegen und gehen, ohne ein Wort zu sagen und ohne sich umzudrehen, wieder davon. Dadurch werden zum Beispiel Kinder, welche nach einer Scheidung ihrer Mutter gefolgt sind, veranlasst, an ihren Heimatort zurückzukehren. Hierin liegt neben seiner rituellen und symbolischen Bedeutung der wichtigste Verdienst des *ngap-bum*-Ritus. An diesen Orten, die etwas Geheimnisvolles an sich haben und immer vor neugierigen Blicken geschützt liegen, führt auch der Erbe Opferriten aus, um für Wohlstand und Frieden in der Familie zu sorgen.

Ich kenne diese Riten nicht im Einzelnen, da ich sie für mich selbst oder für meine Kinder nie praktiziert habe. Auch wenn ich immer versucht habe, ihren Sinn und Zweck zu verstehen, habe ich in meinem täglichen Leben nur die Gewohnheiten übernommen, die meine Eltern mir vermittelt haben und die mir immer noch vertraut sind. Was meine Kinder betrifft, so versuche ich nicht, sie zu beeinflussen. Sie sollen das tun, was ihnen am sinnvollsten erscheint. Im Moment schließen sie sich eher meiner Sichtweise an, doch wer weiß, eines Tages vielleicht ...

Als ich noch am Hof des Stammesführers lebte, wo jeder die traditionellen Riten und Gebräuche respektierte, arbeitete eine meiner Mitehefrauen an einem »verbotenen« Tag auf dem Feld. Um ihren Fehler wieder gutzumachen, trank sie so lange nicht mehr das gleiche Wasser wie wir und sprach kein Wort mehr mit uns, bis sie uns mit einem Hühnchen ein paar Mal kurz über die Füße gestreichelt hatte. Dasselbe machte sie beim Stammesführer.

Werden, wie in diesem Fall, die die Landwirtschaft betreffenden Gebräuche missachtet, so heißt es, dass der Regen ausbleibt. Früher glaubte man beispielsweise, eine Dürrezeit bräche aus, wenn zwei Menschen sich um dasselbe Feld streiten und sie zwei Mal, jeder auf seiner Seite, den Erdboden bepflanzen, der in einer konfliktbeladenen Atmosphäre umgepflügt wurde. Man behauptete, dieser Streit hielte den Regen im Himmel zurück. Um es wieder regnen zu lassen, mussten die beiden Gegner dem Regenmacher, dem so genannten *Njapa'o*, jeweils einen Hahn überbringen. Der Legende zufolge stieg der Regenmacher vor den Augen der aus diesem Anlass zusammengekommenen Menschenmenge zum Himmel auf und kam mit dem Regen wieder zurück. Noch heute bringt man dem Erben des *Njapa'o* in solchen Fällen Hähne. Allerdings erhebt er sich nicht mehr zum Himmel – zumindest nicht in der Öffentlichkeit. Es bleibt sein Geheimnis, wie er den verbrannten und durch die Sonnenhitze ausgetrockneten Pflanzen wieder wohltuende Regengüsse beschert.

Da ich mich nie besonders dafür interessiert und diese Riten nie ausgeführt habe, weil ich nicht an sie glaube, kenne ich mich mit dem, was ein rational denkender Mensch aus dem Westen wahrscheinlich als Aberglauben abtun würde, nicht sehr gut aus. Dieser Aberglauben ist jedoch wesentlicher Bestandteil der Kultur der Bangangté. Meine distanzierte Haltung diesem Glauben und seinen Ritualen gegenüber ermöglicht mir, die andere Seite meiner doppelten kulturellen Zugehörigkeit zu bewahren. Deshalb werde ich in diesem Buch recht schnell über Heiler, Zauberei und die verschiedenen Praktiken des Animismus hinweggehen. Denn hier überschreiten wir die Grenze zum Glauben, und dieser Glaube entspricht nicht dem meinigen.

Ich denke, dass diese Praktiken meist dazu dienen, die negativen Dinge, die uns im Laufe unseres Lebens zustoßen können, zu erklären. So sieht man hier beispielsweise einen Zusammenhang zwischen einem Verstoß gegen die Traditionen oder einem Nachbarschaftsstreit und den Launen der Natur, wie einer Dürrezeit. Einer Krankheit liegt meistens eine Vernachlässigung der traditionellen Riten zu Ehren der Vorfahren zugrunde.

Entweder aus Zeit- oder Geldmangel oder einfach aus Nachlässigkeit hat der oder die Betreffende die Rituale für seine Ahnen nicht pflichtgemäß ausgeführt. Es gibt zwar keinen festen Zeitpunkt, der bestimmt, wann man mit diesen kommunizieren soll. Doch sind die Orte, an denen die vorgeschriebenen Praktiken stattfinden, genau festgelegt. Wer nicht dorthin ging und später krank oder vom Unglück verfolgt wird, dem erklärt der *ngaka*: *ndon tchub u*, »der Brauch hat dich eingeholt«. Dabei wird unterstellt, dass die betreffende Person durch ihre Krankheit und ihr Unglück von ihren Ahnen zur Ordnung gerufen wird.

Um aus diesem Teufelskreis auszubrechen, kann man unter anderem den so genannten Ritus des *bang* ausführen. Dazu kocht man Bananen mit Wild und Palmöl in einem kleinen Topf. Diese Mahlzeit bringt man anschließend dem Erben. Er mischt ein wenig davon in seiner Hand und wirft es dahin, wo sich die Schädel der Ahnen befinden, mit den Worten: »Der Soundso hat euch Essen gebracht.« Der Rest des Mahles wird unter den Kindern verteilt, die sich sehr darüber freuen.

Der *bang*-Ritus wird auch angewandt, wenn jemand nach langer Abwesenheit wieder in sein Heimatland zurückkehrt. Der »verlorene Sohn« erfährt dadurch die Neuigkeiten über die Menschen, die an den Orten seiner Kindheit leben. Er spricht mit dem

Erben, der ihm dabei helfen kann, die Fäden seines früheren Lebens wieder aufzunehmen, und verlässt ihn in dem Bewusstsein, wieder ein Stück mehr in dem Land seiner Vorfahren verwurzelt zu sein. Die traditionellen Riten ermöglichen auch die Kontaktaufnahme mit weit entfernten Verwandten wie Großkusinen und -kusins. Vielleicht stammt der Neuankömmling ja von Eltern ab, welche als Kinder von ihren Müttern nach der Scheidung mitgenommen wurden. Ohne die traditionellen Sitten und Bräuche wären diese völlig entwurzelt.

»Wenn du krank bist«, heißt es hier oft, »ist das ein Zeichen, dass einer deiner Vorfahren sich über dich ärgert, da du ihm nicht genug Aufmerksamkeit geschenkt hast.« Krankheit wird vor allem als familiäres Problem angesehen. In dieser Hinsicht sorgt sie dafür, die Gebräuche und damit die familiären Bindungen zu bewahren. Gebräuche wie der *bang* sollen den Kranken heilen beziehungsweise ihm sein seelisches Gleichgewicht wiedergeben und ihn mit seinen Ahnen versöhnen.

Ich möchte hier allerdings auch die traurige Geschichte einer meiner Mitehefrauen erwähnen, die Diabetikerin war und trotz meiner Einwände das Geld, das zum Kauf von Insulin bestimmt war, für die Zubereitung des *bang*-Essens ausgab. Es kostete sie das Leben. Andererseits gibt es auf der Welt auch Menschen, die eine Bluttransfusion für ihre Kinder aufgrund religiöser Überzeugungen ablehnen. Wieder andere schützen sich im Namen einer anderen Religion nicht gegen Aids.

Im Allgemeinen pflegen sich die Menschen hier, so gut es geht, selbst, sind aber für alles offen: Ist der

Zustand wirklich ernst, so gehen sie selbstverständlich auch ins Krankenhaus. Trotzdem führt man die Riten zu Ehren der Vorfahren aus und sucht den Heiler seines Dorfes auf. Er nennt seinem Patienten die Rituale und entsprechenden Orte, an denen sie praktiziert werden müssen, und bereitet einen Sud aus Rinden, wässrigen Pflanzenelixieren und Kräuteraufgüssen zu. Ob sie eine Wirkung haben oder nicht, kann ich nicht beurteilen, da ich sie nie ausprobiert habe. In der Regel gehen die Menschen nur bei schlimmen Krankheiten oder nach einer Serie sehr schwerer Schicksalsschläge zu einem Seher oder Heiler. Bei alltäglichen Beschwerden hilft sich jeder selbst. Entweder verwendet man Heilpflanzen, die alle von klein auf kennen, oder man besorgt sich Medikamente aus der Apotheke, wo alles rezeptfrei erhältlich ist. Außerdem bekommt man in den Auslagen der vielen kleinen Händler auf dem Markt Arzneien, deren Verfallsdatum zum Teil schon abgelaufen ist. Jeder kümmert sich um seinen Gesundheitszustand und sein seelisches Gleichgewicht je nach seinen eigenen Kenntnissen, Glaubensgrundsätzen, Beziehungen und nicht zuletzt nach seinem Geldbeutel.

Hat ein Kranker alle erdenklichen Heilmethoden ausgeschöpft und seine Beschwerden verschlechtern sich anschließend immer noch, bleibt nur noch ein Besuch beim Zauberer, dem *ngaka*. In Bangangté führt man Krankheit oder Unglück häufig auf einen Fluch zurück, der von einem übel gesinnten Menschen auf den Betreffenden übertragen wird. Während meiner Zeit am Hof des Stammesführers nahm ich häufig an Prozessen teil, in denen ein solcher

»Vampir« angeklagt wurde. Man unterstellte ihm, ein Mitglied seiner Familie oder einen Nachbarn durch nächtliche Feuerrituale ganz allmählich sterben zu lassen. Die bei der Urteilsfindung anwesende Menschenmenge pfiff den Angeklagten aus. »*Tog pam i là*«, schrieen alle. Der *tog*, was so viel heißt wie »Vampirismus«, wird von der Mutter, niemals jedoch vom Vater an die Kinder weitervererbt. Manche mussten sich auch dem Vorwurf stellen, sie würden ihre Familie nach und nach an die »Famla'« verkaufen, einen Geheimbund, dessen Mitglieder angeblich viel Geld damit verdienen, dass sie sich ihrer Verwandten durch Zauberei entledigen.

Die Menschen in meinem Dorf sind bereit, ein Vermögen für die *ngaka* auszugeben: für Beratungsgespräche und so genannte »Entstörungen«. Der Tod ist nach Ansicht einiger Menschen in Bangangté nämlich nie natürlicher Art. Sogar wenn ein Mensch im ehrwürdigen Alter von neunzig oder mehr Jahren stirbt, bestimmt man einen Übeltäter, der den Betreffenden durch einen Zauber getötet haben soll. Ich kann nicht sagen, ob diese Sichtweise des Sterbens erst in unserer Zeit aufkam oder schon seit langem existiert. Auf jeden Fall begeht der angeblich für den Tod Verantwortliche, der den Fluch ausgesprochen haben soll, seine Schandtat meistens aus Gier, Eifersucht, aus Neid auf die Eigenschaften des Verstorbenen, die er selbst gern besitzen würde, und ähnlichen Gründen.

Meiner Ansicht nach passt diese Denkweise nicht zu den positiven Auswirkungen der alten und engen Bindungen zwischen den einzelnen Familienmitgliedern, am Hof des Stammesführers und im ganzen

Volk der Bangangté, zwischen den Vorfahren und ihren Nachkommen: Selbstlosigkeit, Solidarität, individuelle Entfaltung und Respekt vor dem anderen. Ist diese »Zauberei« ein Versuch, Unerklärliches zu erklären, etwa ein neues Verhalten, das von persönlichem Ehrgeiz, Eitelkeit und Gier nach Reichtum und Macht bestimmt wird – Gefühle, deren Ursprung eigentlich ganz woanders liegt? Die Beantwortung dieser Frage überlasse ich der Leserin oder dem Leser.

Wenn ich jedoch nach einem Trauerfall einem Familienmitglied mein Beileid ausdrücken möchte – nachdem ich zuvor tausend Entschuldigungen für meine Abwesenheit bei den Begräbnisfeierlichkeiten vorgebracht habe –, kommt es gelegentlich vor, dass mein Gegenüber die Stimme senkt und mir mitteilt: »Ihr Bruder – oder ihr Vater beziehungsweise ihre Mitehefrau – hat sie durch einen Fluch getötet« oder »Man hat ihn umgebracht, weil er Klassenbester war« oder auch »Seine Mutter hat ihn mit einem Zauber belegt, weil er nicht wie sie zum Vampir werden wollte«. Ich erinnere mich, dass ein *ngaka* früher einmal, als ich noch am Hof des Stammesführers lebte und krank wurde, behauptete, der Grund für meine Krankheit sei die Eifersucht meiner Mitehefrauen.

Die Beschuldigten gehen jedoch trotz dieser Behauptungen weiterhin ihren Beschäftigungen nach, da sie keine rechtlichen beziehungsweise physischen Konsequenzen wie Freiheitsentzug oder Ähnliches zu befürchten haben. Allerdings habe ich schon gehört, dass einige »Angeklagten« an den Gräbern ihrer »Opfer« verfolgt und beschimpft wurden. Sie wären vielleicht sogar gelyncht worden, wenn sie nicht die Flucht ergriffen hätten. Normalerweise geschieht allerdings mit diesen vermeintlichen Kriminellen nichts. Vielmehr muss die Familie die angesehensten *ngaka* aufsuchen, um sich »entzaubern« zu lassen und unverletzbar zu werden. Mir, die ich »nicht verstehen kann«, erscheint dieses Vorgehen genauso ungewiss wie der Zauber selbst. Ich weiß nicht mehr, wie oft ich diesen Satz, »du verstehst das nicht«, schon gehört habe. Vielleicht liegt es daran, dass ich es auch einfach nicht verstehen will.

Man darf diesen Glauben, wonach die Vorfahren oder ein Fluch als Ursachen für Krankheit und Tod gelten, jedoch nicht verallgemeinern. Ich kenne viele Menschen, ausschließlich Anhänger der animistischen Religion, die weder die genannten Rituale ausführen noch bei einem Zauberer Rat suchen oder an die Kraft eines Zaubers glauben. Trotzdem sind ihre familiären Bindungen sehr eng. Andere wiederum achten, obwohl sie sich zum Christentum bekennen, genauestens darauf, immer die Vorschriften zu befolgen.

Alle, die sich nicht so sehr von den bestehenden Gerüchten beeinflussen lassen, leben nach dem folgenden Glaubenssatz: *Nsi ben nke mbip menshùn*, »Gott schützt uns alle, unser Schicksal liegt in seinen Händen«. Damit ist gemeint, dass niemand seinem Mitmenschen etwas antun kann, das nicht von Gott so gewollt ist. Diese Geisteshaltung findet sich auch in einigen anderen Ausdrücken wieder, die ich bei alten Menschen gehört habe, obwohl sie noch nie eine Kirche, einen Tempel oder eine Moschee betreten haben. Wenn jemand knapp einem Unfall entging, heißt es: *Nsi fe ke pam*, »Gott war nicht einverstanden«, oder: *Nsi ke' be zi*, »Gott schläft nicht«. So gibt es noch viele weitere bildhafte und poetische Formulierungen.

Wenn ich mich, nicht ohne Ironie, darüber wundere, dass es bei so vielen Flüchen und Zaubereien nicht an jeder Straßenecke in unserem friedlichen Bangangté einen Krawall gibt, erhalte ich zur Antwort: »Will dich jemand töten, dann mach ihn dir zum Freund.« Heuchelei? Das könnte man leicht vermuten. Doch gleich wie schwerwiegend der Konflikt auch ist, die zwei Gegenspieler sprechen immer noch miteinander, da das Grüßen oder Reden mit dem anderen zu nichts verpflichtet.

Bricht ein Streit zwischen zwei oder mehreren Mitgliedern einer Familie aus, so tut man alles, um sie wieder zu versöhnen. Manchmal dauert es Tage, Wochen, Monate oder sogar noch länger. Alles hängt vom Erben, seiner Entschlossenheit und seinem Willen ab, den Zusammenhalt innerhalb der Gruppe, für die er verantwortlich ist, aufrechtzuerhalten. Bei diesen Streitigkeiten fallen manchmal verletzende Worte, die Groll erzeugen und die der andere nur schwer vergisst. Gelingt es dem Erben jedoch, ihre Differenzen zu beenden, so werden alle Beteiligten eingeladen, am Tag der Versöhnung ein Glas Palmwein gemeinsam zu trinken. Dadurch wird die neu gewonnene Freundschaft besiegelt: Denn wer zusammen isst und trinkt, fürchtet den anderen nicht.

Später gießt das Familienoberhaupt Wasser oder Palmwein aus einer Kalebasse über die Türschwelle, um den Hass für immer fortzuspülen. Alle, die aus dem Zimmer kommen, müssen über die verschüttete Flüssigkeit springen. Liegt dem Streit jedoch ein Fluch zugrunde, der nicht greifbar ist, fällt es leider oft schwer, versöhnende Worte zu finden. Dann gerät die Auseinandersetzung manchmal in eine Sackgasse, und die gegnerischen Parteien verkünden: *ne ze ntse*, »sie würden nie mehr das gleiche Wasser trinken«.

Es ist allerdings durchaus möglich, dass sie einige Tage darauf ein paar freundschaftliche Worte auf dem Markt wechseln. Wieder ein Zeichen von Heuchelei? Nein, denn *ntong ke ze ntse*, »man trinkt nicht mit dem Ohr«. Dem anderen zuhören – oder zumindest so zu tun als ob – ist nicht das Gleiche wie gemeinsam trinken und essen. Denn dies gilt als ein Zeichen von sehr enger Zusammengehörigkeit. Dadurch dass zwei Menschen, die sich nicht leiden können, miteinander reden und sich gegenseitig zuhören, wenn sie sich treffen, bekommen sie eine Chance, sich vielleicht doch eines Tages wieder zu verstehen und sich zu versöhnen.

Innerhalb der traditionellen Gemeinschaft der Bangangté wird der Freiraum des Einzelnen gewahrt. Vor allem besitzt jeder genügend Zeit, sich selbst kennen zu lernen. Alle erhalten die Möglichkeit, ihren eigenen Weg zu finden, ihre Wünsche wahrzunehmen und ihren Neigungen zu folgen. Kurz: Jeder findet seinen Platz in einem sehr menschlichen Umfeld, das er von Generation zu Generation immer wieder neu nach seinen Gefühlen und Wünschen gestalten kann. Die Menschen hier fühlen sich verantwortlich für ihre Taten und tragen die Konsequenzen. Wir wissen nicht, warum unsere Mitmenschen auf eine bestimmte Art und Weise handeln; wir können ihr Tun nicht bewerten. Wenn man in Bangangté erzählt, was einem anderen zugestoßen ist, so hört man häufig folgende Kommentare: »Das ist sein Problem« oder auch »Das geht nur sie etwas an« oder »Das ist ihr persönliches Schicksal«. Wenn jemand einen anderen Menschen verletzt, so kennt dieser oft nicht den Grund dafür, da er nicht der Schöpfer des anderen ist. Bei zwischenmenschlichen Beziehungen, innerhalb der Familie oder unter Freunden, gilt darum die Regel: »Niemand weiß, was Gott im Einzelnen in das Herz unseres Mitmenschen gelegt hat. Daher soll jeder gemäß seinem vorherbestimmten Schicksal handeln. Gott gebe uns allen die nötige Kraft dazu.«

Der Mensch muss, egal unter welchen Umständen, mit seinen Nächsten kommunizieren. Wir sind alle verschieden, und unsere Eigenschaften und Fähigkeiten ergänzen sich. Ein weiteres Sprichwort verdeutlicht uns diese Denkweise. Es zeigt uns nicht nur die Folge dieser gegenseitigen Ergänzung, sondern auch, dass man eine Kraft benötigt, die alles trägt: *Mfen na' ghù fa, a yog nsag i ndùb ntshen*, »der Stammesführer besitzt die Perlen, aber er hat keinen Faden, um sie aufzureihen«. Der Stammesführer hat die Verantwortung für die Gemeinschaft. Er muss alles in seiner Macht Stehende tun, um sein Volk zusammenzuhalten, sein Überleben zu sichern und darüber hinaus auch für sein Wohlergehen zu sorgen. Dennoch ist er selbst trotz seiner Weisheit nur eine einzelne Perle in der Kette, wie jeder seiner Untertanen. Auch wenn er eine zentrale Rolle darin spielt, hat er sie doch nicht geschaffen. Alle Perlen in einer Kette und ihre Anordnung tragen zu ihrer Schönheit bei. Doch unabhängig von dem Strahlen jeder Einzelnen würde niemals eine Kette daraus, wenn es nicht einen Faden gäbe, um sie zusammenzuhalten, und einen Künstler, der sie auffädelt. In einer menschlichen Gesellschaft ist der Faden die Liebe, welche die Menschen miteinander verbindet und ihre Beziehungen harmonisiert. Der Künstler ist Gott. Ohne den Faden würden die Perlen auseinanderfallen, ebenso wie ein Volk ohne Liebe keinen Zusammenhalt hätte.

Außerdem wäre eine Kette aus gleich aussehenden Perlen nie so schön wie eine aus Perlen in vielen verschiedenen Farben und Formen. In einer Gesellschaft, in der alle Menschen gleich oder ähnlich sind, verhält es sich genauso. Ein Volk ist also erst dann mit einem schönen Collier vergleichbar, wenn es aus vielen Individuen besteht, die sich gegenseitig ergänzen, weil sie die Freiheit haben, sich eigenständig zu entfalten.

Liebe ist wichtiger als Geld

Sich finden und auseinandergehen ohne Drama.

Als der Stammesführer um meine Hand anhielt, machte er mir keine Liebeserklärung, wie man es vielleicht in Frankreich erwarten würde. Er nahm einfach meine Hand, drückte sie sanft, zog mich an sich und sagte nach einer Umarmung: »Ich möchte dich heiraten und ich will ein Kind von dir.«

In den 37 Jahren, die ich mit den Männern meines Dorfes gelebt habe, bin ich zu der Auffassung gelangt, dass eine Frau in ihren Augen vor allem eine gute Mutter sein sollte. Daher zählen bei einem Mädchen oder einer Frau in Bangangté am meisten Eigenschaften wie Ausdauer bei der Arbeit, Opferbereitschaft, Geduld, Verständnis und Toleranz, sanfte Entschlossenheit, Treue und die Fähigkeit, dem Ehemann eine tüchtige und verantwortungsbewusste Stütze zu sein.

All diese »Qualitäten« stehen natürlich in krassem Gegensatz zur Gleichberechtigung der Geschlechter, wie sie im Westen propagiert wird, und es gibt mehr als einen beziehungsweise eine, die daran Anstoß nehmen. Ich möchte deshalb sofort klarstellen, dass ich hier nicht das Bild einer modernen Kamerunerin zeichne. Denn es gibt einige hohe Staatsbeamtinnen oder Unternehmerinnen, die dieser Vorstellung überhaupt nicht entsprechen. Mein Anliegen besteht eher darin, meinem westlichen Leser und insbesondere meiner westlichen Leserin ein besseres Verständnis für die kamerunische Gesellschaft zu vermitteln.

Die europäische Vorstellung von Gleichberechtigung ist der Mentalität der Bangangté und den Menschen im Bamiléké-Land völlig fremd. Eine Frau hat hier nicht den gleichen Status wie ein Mann. Das bedeutet jedoch nicht, dass sie von ihrem Partner ausgenutzt wird oder gar als seine Sklavin gilt. Durch ihre Stellung innerhalb der Familie und der traditionellen Gesellschaft trägt sie vielmehr zu Harmonie und Frieden bei – Harmonie, die auch zwischen den Lebenden, den Toten und der heimatlichen Erde herrscht.

Ich möchte mit den Vorstellungen beginnen, die für einen Europäer am schwersten nachzuvollziehen sind. Eine Frau, die heiratet, wird de facto zum Eigentum der Familie ihres Mannes. Man sagt sogar, sie sei von ihm »gekauft« worden, da er für sie eine Aussteuer gezahlt hat. In Wirklichkeit ist sie jedoch alles andere als eine Ware, die man als Besitz ansieht.

Die Männer von Bangangté betrachten ihre Partnerinnen nie als Luxusgeschöpfe, die sie je nach Mode formen und austauschen können, wie es ihnen gerade passt.

Das schließt jedoch nicht aus, dass die Frauen von sich aus das Bedürfnis haben, sich schön zu machen. Zu bestimmten Gelegenheiten, besonders bei Begräbnissen und an allen anderen Festtagen, aber auch einfach beim Besuch einer Freundin ist es üblich, sich schick zu machen. Dazu gehören auch die gekonnten Frisuren, welche die Frauen sich stundenlang, manchmal sogar einen ganzen Tag lang flechten. Diese »Sitzungen« dienen in meinen Augen jedoch nicht nur der Schönheit. Die langen Momente der Entspannung bei einer Freundin – die modernen Friseurgeschäfte sind meistens zu teuer – sind ein willkommener Vorwand, um über alles Mögliche zu plaudern. So werden nicht nur Zöpfe, sondern gleichzeitig auch Beziehungen geflochten. Bei der Ankündigung eines Todesfalles wird die Schöne allerdings auch nach einer dieser Geduld erfordernden und trauten Zusammenkünfte nicht zögern, ihren Kopf zu rasieren, wie es die Tradition verlangt.

Die Bangangté sagen, das Verhalten einer Frau mache ihre Schönheit aus. Nicht ihre äußere Erscheinung sei wichtig, sondern ihre Fähigkeit zu lieben und ihre Arbeitswilligkeit. Ein Mann sucht in erster Linie eine gute Mutter für seine zukünftigen Kinder, eine verantwortungsbewusste Frau, die ihm mit Rat und Tat zur Seite stehen kann, eine Freundin in schwierigen Zeiten. Wie alle Männer dieser Welt werden natürlich auch die Bangangté von äußerer Schönheit angezogen. Brüstet sich ein junger Mann allerdings ein wenig zu oft mit seiner hübschen Verlobten in der Öffentlichkeit, so bekommt er manchmal von seinem Freund den Rat ins Ohr geflüstert: *kà tshù ndu' mbang ntu'*, »Beurteile den Wein nicht nach der Flasche«. Wenn man in Bangangté an einem Markttag spazieren geht, wird man schnell feststellen, dass die Frauen mit ihrer Kleidung keinem Modediktat unterliegen.

Die starr geregelten Aussteuerzeremonien der Bangangté erwecken vielleicht den Eindruck, ihre Hochzeiten seien von vornherein »arrangiert«, ähnlich wie im 19. Jahrhundert beim französischen Bürgertum.

Dies ist jedoch nicht der Fall. Erstens ist es hier der Ehemann, der seine Auserwählte von seinen zukünftigen Schwiegereltern »abkauft«, und nicht umgekehrt. Vor allem muss man jedoch die Tatsache berücksichtigen, dass Polygamie in Kamerun offiziell anerkannt ist. Dies führt zu Hochzeiten zwischen verschiedenen Altersgruppen, Menschentypen und unterschiedlichen Vorlieben.

Im Allgemeinen sucht die Familie des Ehemannes eine Partnerin für ihn aus. Es kommt aber auch häufig vor, dass zwei Menschen sich begegnen und beschließen zu heiraten. In jedem Fall finden die Aussteuerverhandlungen jedoch immer zwischen den beiden Familien statt.

Zuerst schickt der Vater des Verlobten einen Bittsteller, der den Heiratsantrag übermittelt, zum Paten der möglichen Ehefrau. Der Pate erfährt auf diese Weise von der Existenz eines »Bewerbers«. Außerdem erhält er Informationen über die Familie und die Person des Betreffenden.

Die Vorverhandlungen verlaufen etappenweise, und die Verlobten können sie jederzeit unterbrechen. Ist nach dem gegenseitigen Kennenlernen die Chance einer Einigung in Sicht, so können verschiedene Bedingungen gestellt werden. Ich kannte zum Beispiel einen Arzt reiferen Alters, der so schnell wie möglich eine Gymnasiastin heiraten wollte, die gerade in die zwölfte Klasse kam. Die beiden waren sich einig, die Eltern waren jedoch der Meinung, dass ihre Tochter vor der Hochzeit zumindest das Abitur haben sollte. Der Arzt musste also die Bedingung erfüllen, seiner zukünftigen Frau ein Studium ihrer Wahl zu ermöglichen.

Normalerweise kann nichts ohne das Einverständnis der beiden Hauptpersonen entschieden werden. Ich erinnere mich noch an einen Stammesführer, der meinem späteren Ehemann eine seiner Schwestern zur Frau angeboten hatte. Diese verschwand noch in der selben Nacht aus Douala und kam nicht wieder zurück, bevor sie sicher wusste, dass eine ihrer Schwestern an ihrer Stelle die Heirat akzeptiert hatte.

Ich habe von ganz erstaunlichen Hochzeitszeremonien bei den Töchtern des Stammesführers in Bangangté gehört, die ich jedoch nie selbst miterlebt habe. So wird erzählt, dass eines Abends eine Gruppe von Menschen mit unbestimmtem Ziel den Hof verließ. Sie wurde vom Stammesführer persönlich ausgewählt und bestand aus einigen seiner Frauen, Dienerinnen und Töchtern. Erst bei der Ankunft begriff eine der Töchter, dass man sie zu ihrem zukünftigen Heim geführt hatte. Zu einem Mann, den sie nicht kannte. Die meisten Töchter des Stammesführers verweigerten allerdings eine Heirat und kehrten mit ihren Begleiterinnen zurück. Dies war kein Problem, da der Stammesführer keine Aussteuer für seine Töchter fordert. Außerdem standen und stehen die Prinzessinnen aus meinem Dorf in dem Ruf, die feste Bindung, die eine Heirat bedeutet, nicht lange aushalten zu können. Darum beschränkt ihr Vater die Zeremonie auf ihre einfachste Form, um nicht in Konflikt mit den zahlreichen Schwiegersöhnen zu geraten.

Die Ausnahme der Prinzessinnen von Bangangté bestätigt die Regel: In den meisten Fällen verstreicht viel Zeit zwischen den Vorverhandlungen und der endgültigen Hochzeit. Zudem kann der Verlobte erst dann um die Hand seiner Geliebten anhalten, wenn er die Frage der Aussteuer geregelt hat.

Die Aussteuer besteht je nach Region aus Geschenken und einer Geldsumme, die der Verlobte bestimmten Familienmitgliedern seiner zukünftigen Frau überbringen muss. Dies hat nichts mit dem so genannten »Brautkorb« zu tun. Er gibt zunächst einmal nur so viel, wie von ihm verlangt wird. Die Höhe des Betrages wird von jeder Familie selbst festgesetzt. Sie richtet sich nicht nach der gesellschaftlichen Stellung des Vaters, da für die Töchter des Stammesführers der Bangangté, wie wir gesehen haben, überhaupt keine Aussteuer bezahlt werden muss. Es steht jedem frei, über seine Verpflichtungen hinaus weitere Zugaben in Form von Getränken, Lebensmitteln oder etwas anderem zu überreichen.

Zwischen den Dörfern bestehen große Unterschiede, was den Umfang der Aussteuer angeht. In meinem Dorf sucht man sich zum Beispiel nicht gern eine Frau beim Stamm der Ba Tou, da es heißt, die Menschen dort würden ihre Mädchen »zu teuer verkaufen«. Nicht ohne Ironie nennen die Bangangté alle Einwohner östlich von Bangwa, einem fünfzehn Kilometer entfernten Dorf, die »Ba Tou«, wörtlich übersetzt: »die Leute von der Anhöhe«. Ihnen werden »seltsame Sitten« unterstellt – ganz im Gegensatz zu den Gepflogenheiten der Bangangté natürlich. Man macht sich darüber lustig, dass die als knauserig geltenden Ba Tou bei der Geburt einer Tochter sogleich ausrechnen, wie viel Geld sie erhalten, wenn sie einmal heiratet.

Demgegenüber gelten die Bangangté eher als faule Schmarotzer. Sie können nicht sparen, und in den benachbarten Dörfern sagt man: »Sobald sie fünf Francs haben, vertrinken sie sie mit Freunden.« Die Bangangté verlangen auch nicht viel Geld für die Aussteuer ihrer Mädchen. Sie erklären diese Haltung mit dem folgenden Sprichwort: *nkoni tshùa nkap*, »Liebe ist wichtiger als Geld«.

Bei den Bangangté gibt es im Übrigen eine ganze Reihe von Redewendungen, Lebensweisheiten und Sprichwörtern, die ihnen aus peinlichen Situationen helfen. Zum Beispiel: »Der Hund drückt seine Dankbarkeit mit dem Schwanz aus«, was bedeutet, dass jemand, dem man einen Gefallen erwiesen hat, seine Dankbarkeit manchmal auch nur durch einen Händedruck, ein paar nette Worte oder ein Lächeln ausdrückt.

Ich will die Menschen in meinem Dorf jedoch nicht lächerlich machen und vielmehr ihre gute Seite zeigen. So verlaufen zum Beispiel die Aussteuerverhandlungen in Bangangté viel einfacher und eindeutig entspannter als bei den Leuten aus Dshang oder Mbouda. Um diese Meinung wissenschaftlich zu fundieren, müsste ich natürlich weit mehr Beobachtungen und Nachforschungen anstellen, als ich es getan habe.

Der Aussteuerritus hat bei den Bangangté hauptsächlich symbolische Bedeutung. Geld interessiert die Menschen hier nicht sonderlich. Selbst wenn es sich bei dem zukünftigen Ehemann um einen Ba Tou handelt – die ja den Ruf haben, sehr viel Geld für die Aussteuer zu bezahlen beziehungsweise zu verlangen –, fordert man von ihm auch nicht mehr als von den Ortsansässigen. Er soll die Möglichkeit haben, nach und nach alle Mitglieder der Familie seiner späteren Frau kennen zu lernen. Darin sehen die Bangangté den eigentlichen Sinn der Aussteuerverhandlungen. Die Geldsumme hingegen ist nicht sehr hoch. Man spendiert sich ein wenig berauschende Kolanuss, und die Angelegenheit ist geregelt.

Unabhängig davon, ob die Beteiligten nun von Ba Tou, Bangangté oder woanders herkommen, ähnelt die Zeremonie der Aussteuer mehr einem improvisierten Theaterspiel als einem ernst zu nehmenden geschäftsmäßigen Feilschen. So verlangt der zukünftige Schwiegervater (oder sein Erbe) zum Beispiel umgerechnet zwischen dreißg und sechzig DM von dem Verlobten. Offensichtlich scheinen alle Beteiligten mit diesem Betrag einverstanden zu sein. Der zukünftige Schwiegersohn holt diese Summe nun aber nicht wie an der Kasse in einem Geschäft einfach aus seiner Tasche. Alles geht langsam; man lässt sich Zeit. Jeder wägt seine Handlungen und seine Worte bedächtig ab. Man beobachtet sich und wartet ab. Die gegenseitigen Verhandlungen dauern an. Irgendwann erwähnt der Vater der Braut ganz beiläufig, dass er in letzter Zeit nicht einmal mehr die Kraft und die Zeit besessen hätte, seinen Holzvorrat aufzustocken. Unverzüglich eilt der Vater des Verlobten – also der Antragsteller, der unter allen Umständen einen guten Eindruck machen will – hinaus und sammelt einige kleine Zweige. Daraus macht er ein winziges Reisigbündel, knickt es in der Mitte um und tut so, als hätte er mindestens ein Ster Holz auf dem Rücken. Er wirft es theatralisch auf den Vorratshaufen und der zukünftige Schwiegervater bedankt sich überschwänglich. Wie könnte die neu entstandene

112

Verbundenheit zwischen den beiden Familien schöner bekundet werden?

Hat man sich dann endlich geeinigt, gibt es Kolanuss und Palmwein aus einem Trinkhorn, aus dem die beiden Verlobten und ihre Väter gemeinsam trinken. Vor dem Kauen der Kolanussviertel fragen die Väter ihre Kinder, ob sie sich hinsichtlich ihrer Heirat auch wirklich sicher sind. Denn das Teilen von Kolanuss und Wein bedeutet, dass ihre beiden Familien von da an zu einer einzigen verschmelzen. Damit wird sozusagen der Pakt, der »Heiratsvertrag« geschlossen.

Um ihnen die Bedeutung dieser Handlung noch deutlicher zu machen, werden die beiden daran erinnert, dass die von allen Anwesenden geteilte Kolanuss zu einem Gift werden kann, wenn die Verbindung, die sie symbolisiert, von einem der beiden Partner gelöst wird. Noch einmal werden sie gebeten, sich ihre Entscheidung gut zu überlegen. Nachdem beide versichert haben, dass sie tatsächlich zusammenleben wollen, lockert sich die Atmosphäre. Alle teilen sich freudig lachend die Kolanuss und trinken bis zum Umfallen.

Was ich hier beschrieben habe, stellt den Idealfall dar, der außerdem nur für Bangangté gilt. Sucht sich ein Mann eine Frau in Mbouda oder Dschang, so sollte er besser mit einem gut gefüllten Geldbeutel dort erscheinen. Außerdem muss er sich auf einen »Kampf« gefasst machen, der die ganze Nacht bis zum Morgengrauen dauert. In diesen beiden Dörfern ist die Familie der jungen Braut anscheinend auch der Ansicht, die Angelegenheit sei überstürzt, wenn die Aussteuerverhandlungen vor Anbruch des zweiten Verhandlungstages beendet sind.

Der Verlobte begibt sich also in der Abenddämmerung zur Familie seiner zukünftigen Ehefrau. Er wird von seinen Eltern, dem Vater oder seinem Stellvertreter, aber auch von Freunden begleitet. Da er eine Art Belagerungszustand durchhalten muss, ist es wichtig, »Munition«, das heißt Geld, für alle unvorhersehbaren Vorkommnisse dabei zu haben. Der Einsatz des Kampfes ist die Frau, die er mit nach Hause nehmen will.

Der junge Mann wird ins Wohnzimmer geführt und weiß, dass er von nun an die Nacht dort verbringen wird; zwar mit Essen und Trinken, aber ohne Schlaf. Man hat ihm auch nirgends ein Bett vorbereitet. Die Verlobte ist nicht zu sehen, man hat sie vorher sorgfältig versteckt. Nun beginnt die gegenseitige Vorstellung der beiden Familien, bei der jeder jedoch sehr vorsichtig vorgeht. Dann wird der Verlobte getrennt aufgerufen. Er erhebt sich zusammen mit seinem Vater oder einem ihm vertrauten Ratgeber.

Nachdem sie sich wieder gesetzt haben, teilen sie den anderen Anwesenden diskret die Höhe des »Großen Loses« mit. So nennt man auf frankokamerunisch humorvoll den Geldbetrag, den der zukünftige Schwiegervater erhalten soll. Im Allgemeinen handelt es sich um eine Summe von bis zu rund 330 DM, manchmal allerdings auch mehr. Danach wird in kleinen Gruppen mit gedämpfter Stimme über das Geld verhandelt: wie viel wurde mitgebracht und wie viel sollen die anderen Familiemitglieder der zukünftigen Frau noch bekommen.

Dabei geht es hart zur Sache, da der Ausgang des »Gefechts« allen bekannt ist: Der Ehemann nimmt seine Frau mit sich nach Hause, auch wenn er nicht genügend Geld mitgebracht hat. »Kredite« werden nämlich nicht nur gebilligt, sondern sind die Regel. Man sieht es nicht gern, wenn die Aussteuer gleich bar bezahlt wird. Dies ist zu abrupt und geht zu schnell. Es erweckt den Eindruck, als hätte man seine Tochter verkauft und wollte zukünftige Kontakte abbrechen. Daher gehört es sozusagen zum guten Ton, Schulden bei der Familie seiner Frau zu haben: Da die Position der Schwiegereltern durch ihren Gläubigerstatus gestärkt ist, fällt es ihnen später leichter, ihre Tochter zu besuchen.

Der Verlobte bespricht sich nun mehrmals im Geheimen mit seinen Eltern. Danach erhebt er sich und bietet seinem Schwiegervater in einer weiteren Gegenüberstellung einen bestimmten Geldbetrag an. Gleichzeitig bittet er ihn um den Gefallen, ihm Kredit zu gewähren. Ist der Schwiegervater mit dem Angebot zufrieden, nimmt er seinen Anteil der Aussteuer in bar entgegen. Nun beginnen die Verhandlungen um den Anteil der Mutter der Braut, dann um den der Geschwister. Manchmal werden sogar enge Freunde der Familie der Frau beteiligt. Am nächsten Tag begeben sich alle zu den Großeltern, um ihnen Geschenke zu bringen.

Erst danach ist alles besiegelt. Der zukünftige Schwiegersohn muss jedoch noch ein weiteres Ritual über sich ergehen lassen: Es erscheint eine junge Frau. Sie ist nur mit einem Lendenschurz bekleidet, aber sie ist leider nicht die Richtige. Eine andere kommt herein. Aber auch dieses Mal handelt es sich nicht um die Auserwählte, um die man die ganze Nacht lang so heftig gekämpft hat. Die Nächste betritt den Raum. Die Familie der zukünftigen Ehefrau gibt sich jedes Mal erstaunt und behauptet, die wahre Braut sei unauffindbar. Und der Schwiegersohn muss zahlen, damit die »Suche« weitergeht. Mittlerweile steht die Sonne schon hoch am Himmel, alle sind erschöpft und mit ihrer Geduld am Ende. Man hat nur noch einen Wunsch: nach Hause zurückkehren und schlafen. Daher wendet sich die Familie des Verlobten – zumindest wenn sie aus Bangangté stammt – gegen ihren eigenen Sohn und wirft ihm vor: »Waren dir unsere Frauen in Bangangté nicht gut genug? Wenn du nicht bald dieses Mädchen auftreibst, kannst du sehen, wie du allein zurechtkommst.«

Jeder weiß nun, dass es an der Zeit ist, den Aufmarsch zu beenden, und endlich erscheint die Verlobte. Der junge Bräutigam kann jetzt mit »seinem Besitz« nach Bangangté zurückkehren, vielleicht aber auch mit dem Gefühl, in eine Falle getappt zu sein. Er wird sich fragen, ob sich das ganze Spiel wirklich gelohnt hat. Doch darauf wird ihm nur die Zukunft Antwort geben können…

Zeremonien aus Anlass der eigentlichen Hochzeit gibt es meist nicht. Wenn doch, dann spielen sie im Vergleich zu den Aussteuerverhandlungen eine untergeordnete Rolle. Hochzeitsfeierlichkeiten wie in Europa sind für die meisten außerdem zu teuer. Üblicherweise geht der Mann zusammen mit seiner Frau und seiner Familie oder seinen Freunden nach Hause zurück. Man muss die ganze Gesellschaft einige Tage, manchmal auch einige Wochen lang bei sich unterbringen. Sie helfen der neuen Ehefrau beim Einzug und verhindern, dass sie sich anfangs in der ihr unbekannten Umgebung verloren fühlt.

Einmal habe ich jedoch eine sehr außergewöhnliche Hochzeitsfeier miterlebt. Es ging um die großartige Ankunft der Tochter eines Stammesführers aus der Gegend von Bafoussam – also einer »Ba Tou« – am Häuptlingshof von Bangangté. Der Stammesführer, meine späteren Mitehefrauen und ich – ich lebte damals noch nicht am Hof des Stammesführers – erwarteten sie und vertrieben uns die Zeit mit Tanzen und Trinken. Die Braut hatte schon drei Stunden Verspätung, als jemand die Nachricht überbrachte, dass ihr Auto im Stadtzentrum ohne Benzin stehen geblieben sei. Ich erwähnte dem Stammesführer gegenüber, es wäre für die Familie der Braut doch bedeutend leichter gewesen, mit einem Kanister bis zur Tankstelle in der Stadt zu laufen, anstatt einen Boten zum Hof zu schicken, der viel weiter entfernt lag. Lachend antwortete er: »Warte nur, du wirst dich noch mehr wundern. Wenn es um Geld geht, scherzen die Ba Tou nicht.«

Daraufhin bezahlte er die angeblich nötige Tankfüllung. Als der Wagen endlich ankam, kam er auch noch für die Reisekosten der Begleiter der Braut auf. Sie selbst erschien in Sandalen und nur mit einem kurzen dünnen Rock bekleidet, während alle anderen festlich angezogen waren. Man hätte meinen können, sie wollte gleich ins Bett gehen. Mit gesenktem Kopf näherte sie sich zögernd.

Ich wusste, dass der Stammesführer ihr neben zahlreichen weiteren Geschenken auch sehr hübsche traditionelle Gewänder geschenkt hatte. Man erklärte mir jedoch, in ihrem Dorf sei es üblich, alle Gaben des Verlobten unter den Schwestern der Braut zu verteilen. So kam sie ohne Besitz in ihrem neuen Zuhause an. Allerdings stand ihrer reibungslosen Eingliederung dadurch nichts im Wege. Ihr Ehemann kümmerte sich um all ihre Bedürfnisse. Am nächsten Tag musste sie sich Kleider von ihren Mitehefrauen leihen. Während sie darauf wartete, wurde sie in das Zimmer des Stammesführers gebracht. Die ganze Zeit über bezahlte er alles für sie, ohne nachzurechnen. Wir anderen hingegen tanzten, aßen und tranken bis zum Morgen.

An diesem Beispiel wird deutlich, dass die Sitten nicht überall gleich sind, sondern sich von Dorf zu Dorf stark unterscheiden können. Das Gleiche gilt für die Mentalität der Menschen. Außerdem sprechen die Bewohner der Nachbardörfer von Bangangté, die kaum zwanzig Kilometer entfernt liegen, andere Dialekte, die ich nicht verstehe.

In diesen Gemeinschaften der gesprochenen Sprache kennt man keinen schriftlichen und unterschriebenen Heiratsvertrag. Die Ehe wird durch die Aussteuerzahlung besiegelt. Trotz der Unterschiede liegen allen Aussteuerriten die gleichen, überall bekannten Regelungen zugrunde. Individuelle Abmachungen werden am Tag der Geldübergabe getroffen.

Die durch eine Aussteuerzahlung besiegelte Ehe ist stabiler als eine andere Ehe. Wenn eine Frau ihren Ehemann verlässt, ohne ihm Kinder geschenkt zu haben, kann er verlangen, dass seine Schwiegereltern ihn »entschädigen«. Dies kommt vor allem dann vor, wenn die Ehefrau aus einem Dorf kommt, wo man sehr viel für ein Mädchen bezahlen muss. Da die Eltern das erhaltene Geld meistens schon ausgegeben haben, setzen sie ihre Tochter häufig unter Druck, doch bei ihrem Mann zu bleiben. In Bangangté ist es üblich, dass alle, die bei den Feierlichkeiten Kolanuss und Palmwein geteilt haben, den Ehemann bestürmen, sich nicht von seiner Frau zu trennen. Sie fühlen sich dazu verpflichtet, da sie bei der Zeremonie dabei waren.

Die Aussteuerverhandlung dient aber auch der Absicherung des jungen Mädchens, das heiratet. Denn ihre Herkunftsfamilie verpflichtet sich dazu, sie sowohl in glücklichen als auch in unglücklichen Zeiten ihrer Ehe zu unterstützen. Zum Beispiel während ihrer Schwangerschaften, wenn sie krank ist und bei der Erziehung ihrer Kinder.

Die Kinder gehören zum Vater, da er die Aussteuer bezahlt hat. Verlässt ihn seine Frau und nimmt sie diese mit, kommen sie früher oder später wieder zu ihm zurück. Wenn nicht, so sind es die Enkelkinder, manchmal sogar die Urenkel, die ihre Wurzeln herausfinden wollen. Außerdem sagen ihnen die Heiler im Krankheitsfall immer wieder, sie würden von ihren Ahnen gerufen. Um wieder gesund zu werden oder ihre innere Ruhe wiederzufinden, müssten sie den Erben ihres Großvaters oder Urgroßvaters väterlicherseits ausfindig machen.

Verlässt eine Frau ihren Ehemann, so gehören auch alle Kinder, die aus einer späteren Ehe stammen, dem Vater, der die Aussteuer für ihre Mutter bezahlt hat. Dabei handelt es sich nicht unbedingt um den ersten Ehemann der Frau. Es kommt häufig vor, dass eine Frau Kinder von einem Mann bekommt und dann – noch bevor er die traditionell üblichen Vorschriften erfüllen konnte oder wollte – beschließt, nicht länger mit ihm zusammenzuleben. Wenn ein anderer Mann später die Aussteuer für sie bezahlt, so gehören die Kinder diesem zweiten Ehemann. Sie haben also zwei Väter, einen leiblichen und einen »zahlenden« Vater. Die Mädchen erhalten den *ndap* des Mannes, der die Aussteuer für ihre Mutter bezahlt hat. Die Jungen setzen die Ahnenreihe dieses »zweiten« Vaters fort. Dadurch werden die kindlichen Beziehungen zu ihrem leiblichen Vater jedoch nicht im Geringsten beeinträchtigt.

Die Aussteuerzahlung verbindet die Familien auch über den Tod hinaus. Denn alle Ehefrauen werden im Grab der Männer beerdigt, die für sie bezahlt haben, selbst wenn sie ihren Ehemann schon seit langem verlassen haben.

Vergleicht man die Aussteuerzahlung mit einer Vertragsbeziehung, so handelt es sich um einen Vertrag zwischen zwei Familien und nicht zwischen zwei Einzelpersonen wie bei einer westlichen Hochzeit. Sein Hauptziel ist es, die Familien oder besser gesagt die Gruppe zusammenzuhalten, denn das Wort »Familie« besitzt hier eine viel umfassendere Bedeutung als im Westen.

Die Frau wird jedoch durch diesen ungeschriebenen, aber fest in den Traditionen und Köpfen der Menschen verankerten Vertrag nicht unwiderruflich gebunden, ganz im Gegenteil. Es gibt viel einfachere und schnellere Scheidungswege als im Westen.

In einer polygamen Gesellschaftsordnung geht der Scheidungswunsch vor allem von den Frauen aus. Natürlich nur statistisch gesehen. Denn ein Mann, der sich nicht mit einer Frau versteht, für die er bezahlt hat, kann sich einfach eine andere nehmen, ohne sich von der ersten trennen zu müssen. Letztere hat ihm vielleicht schon mehrere Kinder geschenkt und kann einfach bei ihm und der neuen Partnerin bleiben, wenn sie will.

Da die Frau bei ihrem Mann wohnt, kann sie, wenn sie sich wirklich trennen will, einfach ausziehen. Sie geht entweder zu ihrer Familie oder an einen anderen Ort, mit oder ohne Mann – ganz wie sie möchte. Normalerweise sucht eine Frau, die das gemeinsame Zuhause verlassen will, zunächst einmal bei ihren Schwiegereltern Zuflucht. Es handelt sich dabei gewissermaßen um einen Höflichkeitsbesuch, um anzudeuten, dass eine Versöhnung unter Umständen noch möglich ist. Kehrt sie hingegen direkt zu ihrer Mutter zurück, so zeigt sie eindeutig, dass sie nichts mehr von ihrem Mann wissen will. Dadurch bringt sie ihre eigenen Eltern allerdings in eine prekäre Lage. Denn man wird ihnen unterstellen, ihre Tochter zur Scheidung angestiftet zu haben.

Jede Frau weiß, wie steinig der Weg ist, den sie bei Schwierigkeiten einschlagen kann. Es steht ihr jedoch frei, ihm zu folgen oder nicht. Ich kenne viele Frauen, die ihren Mann verlassen haben, ohne die Familien zu informieren. Manchmal wussten diese nicht einmal, wo sich die Geschiedene aufhielt.

Am Hof des Stammesführers habe ich nie erlebt, dass unser Ehemann eine Frau verjagt hat. Allerdings sind einige meiner Mitehefrauen von sich aus verschwunden, ohne es uns anzukündigen. Eines schönen Morgens fanden wir ihr Haus – oder ihr Zimmer, falls sie noch im Palast wohnten – wie leer gezaubert vor. Ich muss jedoch zugeben, dass man natürlich alles Mögliche unternommen hätte, um sie zum Dableiben zu überreden, wenn ihre Absichten bekannt geworden wären. Selbst wir Mitfrauen hätten versucht, sie bei uns zu behalten. Aber niemand wäre auf die Idee gekommen, sie einzusperren oder gewaltsam festzuhalten. Auch der Stammesführer konnte daran nichts ändern. Eines Tages beschlagnahmte er die Ausweispapiere einer seiner Frauen, da er erfahren hatte, dass sie ihn verlassen wollte. Vergebliche Mühe: Sie ging trotzdem. Zweifellos stellte sie in Jaoundé, wo sie anschließend wohnte, einen Verlustantrag und bekam einen neuen Ausweis.

Die Frauen des Stammesführers bilden allerdings eine Ausnahme. Da sie sein Bett geteilt haben, sagt man, sie besäßen die »Seele des Stammesführers«. Diese Stellung verbietet es allen, ihnen zur Begrüßung die Hand zu reichen, insbesondere den Männern. Man grüßt sie immer von weitem. Ich weiß nicht mehr, wie oft meine automatisch ausgestreckte Hand unberührt in der Luft hängen blieb.

Die »Seele des Stammesführers« brachte mich eines Tages sogar in große Verlegenheit. Ich fuhr ins Krankenhaus nach Bangwa, um eine Blutuntersuchung machen zu lassen, da ich eine besonders hartnäckige und lang andauernde Fiebererkrankung hatte. Durch eine meiner Mitfrauen gestützt betrat ich das Wartezimmer des Labors. Auf einer Bank warteten einige Patienten, bis sie an die Reihe kamen. Es waren viele alte Menschen und andere, denen es schlechter zu gehen schien als mir. Ich ging schwankend auf die Bank zu, um mich auch dorthin zu setzen. Doch noch bevor ich saß, sprangen alle gleichzeitig von ihren Sitzen. Mit vorwurfsvollem Blick standen sie vor mir, als ob ich ihnen etwas Böses wollte. Plötzlich dämmerte es mir – leider zu spät –, dass es ja verboten war, sich auf dasselbe Bett oder dieselbe Bank wie eine Frau des Stammesführers zu setzen. Dennoch war ich der Meinung, es gäbe gewisse Ausnahmen, was die »Sachen der Weißen« anging, wie zum Beispiel Autos oder eben Krankenhäuser. Ich versuchte also, sie davon zu überzeugen, dass es sich bei der verflixten Bank um eine »Sache der Weißen« handelte. Nichts zu machen. Sie weigerten sich, wieder Platz zu nehmen. Zu meiner großen Erleichterung bat man mich als Erste in das Untersuchungszimmer – nicht etwa wegen meiner »Seele des Stammesführers«, sondern einfach, um meine Leidensgenossen zu erlösen, die meine Ungeschicktheit sicherlich verwünschten.

Wie man sieht, bringt die Stellung als Frau des Stammesführers manchmal auch Einschränkungen im Alltagsleben mit sich. Deshalb lässt die Tradition allen, die den Hof des Stammesführers verlassen wollen, eine Hintertür offen. Sie sollen sich befreien können, ohne den Stammesführer noch einmal sehen zu müssen. Das betreffende Ritual findet im Hause des höchsten Würdenträgers von Bangangté statt. Da ich es nie ausgeführt habe, weiß ich nur, dass man mit einem kleinen Huhn dorthin gehen muss. Danach fühlt sich die geschiedene Ehefrau jedenfalls vollkommen frei von allen Bindungen, die sie noch an den Häuptlingshof gefesselt haben. Sie hat sich sozusagen von der »Seele des Stammesführers« gelöst, ihre Vergangenheit verfolgt sie nicht mehr.

Durch die einfache und undramatische Art der Scheidung wird die individuelle Freiheit der Frau gewahrt – und die des Mannes ebenfalls. Doch diese Freiheit würde vielleicht zu einer Aufsplitterung oder sogar zu einer endgültigen Trennung der Familien führen – worunter vor allem die Kinder der zerbrochenen Ehe leiden müssten –, gäbe es nicht die komplexen Aussteuerbestimmungen. Dadurch bleiben die Kinder mit ihrem Vater, ihrem Zuhause, ihrer Kultur, ihren Vorfahren und mit ihrer Erde verbunden, auch wenn sie ihrer Mutter bis ans andere Ende der Welt gefolgt sind.

Auch der Tod eines der beiden Ehepartner stellt in diesem Zusammenhang ein großes Risiko dar. Wie wir im vorigen Kapitel gesehen haben, tragen die Trauerzeremonien dazu bei, die Verbindung zwischen dem Verstorbenen und seinen Angehörigen zu verstärken. Andererseits hält sich in den Köpfen der Bangangté hartnäckig der Aberglaube, der Tod sei niemals »natürlich«. Daher muss es immer einen Verantwortlichen, um nicht zu sagen einen »Mörder« unter den Angehörigen des Toten geben. Einen Mörder, dessen Waffe die Zauberei ist.

Die traditionellen Prüfungen der Witwen, die meine Mitfrauen beim Tod unseres Ehemannes über sich ergehen lassen mussten, unterscheiden sich nur in ihrer Länge von den sonst üblichen Riten. Solange die Einweihung des neuen Stammesführers in der La'Kwa, der Initiationshütte in den Wäldern, wo er sich zu dieser Zeit aufhält, andauert, müssen sie ausharren. Außerdem beginnen die Witwenprüfungen unmittelbar nach dem Todesfall. Bei allen anderen Witwen und Witwern dauern sie nur vier bis neun

Tage und können einige Monate hinausgezögert werden. Es gibt jedoch keinen Unterschied zwischen Männern oder Frauen.

Sämtliche Riten haben zum Ziel, die Unschuld des Witwers oder der Witwen am Tod ihres Ehepartners zu beweisen. Es handelt sich um eine Art Gottesurteil.

Der Witwer beziehungsweise die Witwen müssen zunächst eine vorgeschriebene Zeit sitzend, mit rasiertem Kopf und nur mit dem Allernötigsten ausgestattet durchstehen. Danach holt man sie zu der abschließenden Prüfung, dem so genannten *Ne sog fog*, der »Reinigung der Witwerschaft«.

An einem im Voraus bestimmten Ort am Fluss steigen die Betreffenden völlig nackt in die Strömung. Sie spreizen die Beine und legen den Korb, in dem sich die wenigen Dinge befinden, die sie während ihrer sitzend verbrachten Trauerzeit behalten durften und die Lumpen, die sie die ganze Zeit über getragen hatten, einige Schritte vor sich auf das Wasser. Treibt die Strömung den Korb zwischen den Beinen der »verdächtigen« Person hindurch, wird sie als unschuldig angesehen. Wird er dagegen durch die Launen des Wassers um diese menschliche Brücke herumgeleitet, so gilt der oder die Unglückliche als schuldig. Ich habe gehört, dass einige, die diese Prüfung nicht bestanden hatten, von der erregten Menschenmenge gelyncht wurden.

Diese Prüfung mag aus europäischer Sicht skandalös erscheinen. Doch es handelt sich auch hier wieder um Glaubensangelegenheiten, um religiöse Dinge. Ich selbst habe mich diesem »Test« nie unterzogen und ich glaube nicht, dass sich jemand daran gestört hat. Vielleicht deshalb, da er auf mich ohnehin keine Wirkung gehabt hätte, weil ich nicht daran glaube.

Nachdem die Witwer und Witwen freigesprochen sind, schickt man sie überall herum, damit jeder darüber Bescheid weiß. Mindestens drei Wochen lang dauert diese Reise. Sie haben eine Basttasche bei sich, in die jeder, der vorbeigeht, etwas hineinlegen muss. Kürzlich traf ich jemanden, der die Korbprüfung glänzend bestanden hatte und zwei Taschen mit sich herumtrug: Seine verstorbene Frau hatte Zwillinge gehabt, und daher sollte ich in beide ein wenig Geld hineintun.

Diese Geste des Mitgefühls zeigt die große Solidarität unter den Menschen hier. Vor allem für die Witwen ist dies von großer Bedeutung, denn sie werden nie im Stich gelassen.

Am Häuptlingshof werden die Königin und die zweite Frau, welche die größte Verantwortung tragen, normalerweise durch die Würdenträger zur gleichen Zeit wie das neue Stammesoberhaupt ausgewählt. Denn sie müssen die traditionellen Sitten und Bräuche bestens kennen, die in der großen Hofgemeinschaft für einen reibungslosen Ablauf notwendig sind. Die beiden übernehmen die Aufgabe, den neuen Herrscher anzuleiten. Die dritte und vierte Ehefrau werden vom neuen Stammesführer aus denselben Gründen am Tag seiner Thronbesteigung ausgesucht. Unabhängig von ihrem Alter wählt er die Ehefrauen seines Vaters aus, die er behalten möchte. Er wird also Kinder mit Frauen zeugen, die schon sein Vater geschwängert hat. Ihre großen Brüder und Schwestern sind somit nicht nur die älteren

Geschwister dieser zweiten Kinderwelle, sondern auch Onkel und Tanten.

Will er eine Frau nicht behalten, so schlägt er ihr einen neuen Ehemann vor. Meistens handelt es sich dabei um einen seiner Brüder oder seiner Onkel, damit die Kinder, welche die beiden zusammen haben werden, derselben Familie angehören wie der Verstorbene. Es steht der Frau jedoch frei, ihn abzulehnen und stattdessen mit einem Mann ihrer Wahl zusammenzuleben. Allerdings muss sie zuvor mindestens eine Nacht mit dem vorgeschlagenen Ehemann verbringen, damit sich die »Seele des Stammesführers« durch diese Vereinigung von ihr löst.

Alle Frauen, die nicht bei dem Erben bleiben und den vorgeschlagenen Ehemann ablehnen, wissen, dass ihre Kinder dem Erben des Mannes gehören, der ihre Aussteuer bezahlt hat. Dies gilt unabhängig von ihrem neu gewählten Leben. Ich kenne eine Frau, die elf Kinder mit vier verschiedenen Ehemännern hatte. Ihr erster Mann, der ihre Aussteuer bezahlt hatte, starb und hinterließ ihr eine einzige Tochter. Die Zahl spielt jedoch keine Rolle: Alle ihre kleinen Schwestern tragen denselben *ndap* wie sie, und ihre kleinen Brüder setzen dank dem *ndap*, den sie an ihre Töchter weitergeben, die Ahnenreihe des Vaters dieser einzigen Tochter fort.

Die alten Frauen bleiben am Hof. Sie behalten ihr eigenes Haus, das nicht mit dem ihres neuen Ehemannes zusammenhängt, und können auf diese Weise weiterhin ein ruhiges Leben führen. Sie bewirtschaften ihre Felder und gehen ihren gewohnten Tätigkeiten nach. Zudem werden sie zu Großmüttern für die Kinder des Häuptlings und beraten ihre jungen Mitehefrauen und ihren neuen Ehemann. Sie spielen eine sehr wichtige Rolle, insbesondere am Hof eines Stammesoberhauptes, wo die Umgebung noch viel komplexer gestaltet ist als in einer einfachen Familie. Durch die Alten werden die menschlichen Werte und die Traditionen der Gemeinschaft mündlich überliefert. Sie bilden das Verbindungsglied zwischen den Ahnen und den Lebenden, zwischen Vergangenheit, Gegenwart und Zukunft.

Die Witwen können also nach dem Tod ihres Mannes tun und lassen, was sie wollen, und ihre eigenen Entscheidungen treffen. Natürlich werden zahlreiche Vermittler auftauchen und versuchen, sie zu überzeugen, dass es zum Beispiel besser für sie wäre zu bleiben, dass man sich an ihrer Stelle so oder so verhalten würde. Doch alle geben schließlich resigniert auf, das folgende Sprichwort zitierend: »Wenn jemand nicht auf deinen Rat hören will, ermutige ihn zu tun, was er will.«

Eines bleibt allerdings trotz der Freiheiten unveränderbar bestehen: Ihre Kinder werden immer zu dem Mann gehören, der die Aussteuer der Mutter bezahlt hat, oder zu dessen Erben. Im Gegenzug muss sich Letzterer auch um alle Kinder, die »seine Frauen« ihm bringen, kümmern: Er ist ihr Vater.

Ich selbst habe den Hof nach dem Tod unseres Ehemannes verlassen. Ich habe nicht an den Witwenprüfungen teilgenommen und auch nicht den Erbfolger geheiratet und niemand hat mir einen neuen Ehemann vorgeschlagen. Ich lebe allein und trage noch die »Seele des Stammesführers« in mir. Doch seit nunmehr zwölf Jahren lebe ich mein eigenes Leben mit Höhen und Tiefen, wie jeder andere auch. Diese Tatsache liegt aber nicht an meiner französischen Abstammung. Viele andere meiner Mitehefrauen sind ebenfalls ihre eigenen Wege gegangen.

Obwohl für mich keine Aussteuer bezahlt wurde und ich vom Bürgermeister getraut wurde, ist mein Fall nicht so außergewöhnlich wie er scheint. Unzählige andere Frauen in Kamerun haben wie ich auf westliche Art geheiratet. Aber der Heiratsvertrag, den sie auf dem Standesamt unterschrieben haben, gilt als Ersatz für die Aussteuerzahlung. Trotzdem wird meine Tochter Sophie nie auf traditionelle Weise heiraten können, da für mich keine Aussteuer bezahlt wurde. Allerdings gilt dies meines Wissens für alle Töchter des Stammesführers gleichermaßen. Dennoch werden meine Kinder als Kinder des heutigen Stammesführers angesehen. Und wenn sie eines Tages die väterlichen Traditionen ausüben wollen, dann können sie sich frei dafür entscheiden. Wählen sie hingegen meine Seite, so können sie, da von meinen Vorfahren nichts hinterlassen wurde, alle Sitten und Bräuche praktizieren, die sie für sinnvoll halten und sie nach ihrem Gutdünken mischen. Diese Möglichkeit haben im Übrigen auch alle, welche die Wurzeln ihres Vaters oder – seltener – ihrer Mutter nicht kennen.

Sollten Sophie und Rudolf sich dafür entscheiden, wie ich zu leben, ohne die Riten der Bangangté zu praktizieren, so wird ihre Wahl – wie auch immer sie ausfällt – das Leben und die Traditionen in meinem

Dorf nicht im Mindesten beeinträchtigen. Denn man kann sehr wohl in Kamerun und sogar in Bangangté leben, ohne die Riten »zu machen«, wie es hier heißt. Und vielleicht beschließen meine Kinder eines Tages ja auch, irgendwoanders zu leben …

Die andere Freiheit der Frauen

Frei, aber nicht einsam

Eine häufig gestellte Frage lautet: Wo bleibt bei all dem die Liebe? Polygamie, von den Familien arrangierte Hochzeiten, hoch komplizierte Aussteuerverhandlungen, dafür aber sehr einfache Scheidungsmodalitäten verleiten zu der Annahme, in der Ehe spielten die gegenseitige Anziehung und die sexuelle Lust keine oder nur eine untergeordnete Rolle. Der eigentliche Sinn einer Heirat besteht im Land der Bangangté in der Zeugung von Kindern. Man kann die hier herrschende Vorstellung von Liebe und den damit verbundenen Gefühlen natürlich nicht verallgemeinern. Es ist jedoch bezeichnend, dass es nur ein einziges Wort gibt, das gleichzeitig für die eheliche, kindliche, mütterliche, geschwisterliche und freundschaftliche Liebe steht: *nkoni*.

Liebe wird jedoch keinesfalls mit sexuellen Beziehungen assoziiert. Aussprüche wie »aus den Augen, aus dem Sinn« haben hier überhaupt keine Bedeutung, da Liebe nicht an die Anwesenheit des anderen gebunden ist. Man liebt einen Menschen für das, was er ist und wie er ist, ohne ihn verändern zu wollen, und hat auch keine Erwartungen an diese Liebe. Die geliebte Person – Kind, Bruder oder Schwester, Vater oder Mutter, Freund oder Freundin – behält ihre völlige Freiheit und muss keine bestimmte Rolle erfüllen. Besitzansprüche oder gar Eifersucht kommen selten vor.

Diese Form von Liebe schließt körperlichen Kontakt nicht aus, im Gegenteil. Allerdings eher im Sinne einer freudigen Umarmung, wenn man sich nach langer Trennung wiedersieht. Häufig kann man zwei Männer oder zwei Frauen Hand in Hand vorbeigehen sehen – manchmal auch einen Mann und eine Frau, die beide verheiratet sind –, ohne dass irgendjemand auf falsche Gedanken käme. Allerdings gilt wie in dem bekannten französischen Chanson auch die Regel: »Verliebte küssen sich nicht auf öffentlichen Parkbänken.« Man würde sich über sie lustig machen. Alles, was Begierde und sexuelle Lust ausdrückt, sollte nicht in der Öffentlichkeit stattfinden – dies betrifft ausschließlich die beiden Beteiligten. Man stellt sich nicht zur Schau, und die Menschen hier sind der Meinung: »Die sexuellen Beziehungen müssen nicht noch zusätzlich kompliziert werden.«

Selbstverständlich existiert in einem polygamen Haushalt der Begriff »Treue des Ehemannes« nicht. Für eine Frau ist diese Angelegenheit durch die Kinder, die eventuell außerhalb der Ehe gezeugt werden könnten, viel schwieriger. Unehelich geboren zu sein bedeutet eine persönliche und soziale Katastrophe. Deshalb kenne ich Fälle, wo die Frauen während ihrer Ehe ein oder mehrere Kinder mit anderen Männern hatten, ohne dass ihr Ehemann sie wegschickte. Anschließend bekamen sie mit ihrem Ehemann weitere Kinder. Die doppelte Kindschaft zum »angenommenen« und zum leiblichen Vater hat zur Folge, dass das uneheliche Kind nicht aus der Gesellschaft ausgeschlossen ist. Trotzdem muss ich betonen, dass weibliche Untreue in Bangangté nicht gern gesehen wird.

Diese etwas andere und sehr weit reichende Auffassung von Liebe wird den Notwendigkeiten des täglichen Lebens in einem polygamen Haushalt in idealer Weise gerecht. Als ich mir bewusst war, dass ich in den Stammesführer verliebt war, dachte ich zunächst, dass ein Leben mit ihm aufgrund meiner Kultur, meiner Bildung und meiner Vorurteile als Französin unmöglich wäre. Ich habe lange gebraucht, um zu verstehen, wie mehrere Frauen das Bett desselben Mannes teilen und dennoch friedlich zusammenleben konnten. Bis zu dem Tag, an dem ich merkte, dass sexuelle Beziehungen hier nichts mit Liebe zu tun haben, wunderte ich mich darüber, dass dabei auch nicht mehr Konflikte entstanden wie anderswo. In einem polygamen Haushalt bringt man seinem Ehemann nämlich vor allem Freundschaft, Verständnis, Hingabe und Opferbereitschaft entgegen. Natürlich existiert die körperliche Anziehung ebenfalls. Sie dient jedoch nur der Zeugung von Kindern.

Am besten erscheint mir der Vergleich mit unserer westlichen Auffassung von Freundschaft. In Frankreich, so wie sicher auch überall sonst auf der Welt, hat man mehrere Freunde. Es gilt als selbstverständlich, dass diese Freunde selbst wiederum noch weitere Freundschaften pflegen. Genau diese Art zu lieben findet man in einer polygamen Ehe, sowohl zwischen dem Ehemann und seinen Frauen als auch zwischen den Frauen untereinander.

Doch auch in einer monogamen Ehe findet man in Bangangté die gleiche Auffassung von Liebe. Der Begriff »Paar« wird nicht so starr gesehen wie anderswo. Es kommt zum Beispiel selten vor, dass die Ehepartner zusammen verreisen oder gemeinsamen Aktivitäten nachgehen.

Wie die Polygamie in anderen Teilen von Afrika oder zum Beispiel im Mittleren Osten gehandhabt wird, weiß ich nicht. Ich hatte auch nie die Gelegenheit, Familien mit mehreren Ehefrauen in einem städtischen Umfeld zu beobachten. Vermutlich kommt es dort zu größeren Spannungen als bei uns auf dem Land. Hier haben wir viel Spielraum, um uns zu entwickeln. In dieser ländlichen Umgebung ist die Frau von ihrem Mann unabhängig: Sie besitzt ihr eigenes Haus, das sie mit ihren Kindern teilt, und ihre eigenen Felder, die sie nach ihren Vorstellungen und mit wem sie will bewirtschaftet, und deren Erträge ihr allein zustehen.

Auch der Mann hat ein Haus für sich selbst. Seine Frauen kümmern sich um sein Essen und seinen Haushalt, entweder abwechselnd oder alle zusammen, was von der Anzahl der Feuerstellen beziehungsweise vom Ehemann abhängt, denn er ist verantwortlich für die Organisation der Familie. Dies heißt jedoch nicht, dass er ein Haustyrann oder Despot ist, der seine Frauen für sich arbeiten lässt, bevor er sie je nach Laune der Reihe nach in sein Bett zitiert. Im Gegenteil: Die Tatsache, dass er mehrere Ehefrauen und dadurch auch sehr viele Kinder hat, vervielfacht seine Pflichten. Finanziell und materiell muss er für den Bau der Häuser, Arzt- und Schulkosten aufkommen. Außerdem sollte er auch die Familien seiner Ehefrauen unterstützen. So bezahlt er zum Beispiel die Rückreise seiner Schwiegereltern, wenn diese ihre Tochter besuchen. Außerdem ist es üblich, ihnen Geschenke zu machen. Und nicht zuletzt tragen die Schwiegersöhne die Verantwortung für die Begräbnisse ihrer Schwiegereltern. Allerdings muss ich zugeben, dass die Männer diese Verpflichtungen nicht immer als zwingend ansehen. Man kann von keinem etwas Unmögliches verlangen.

Auch auf die Gefahr hin, die Fantasievorstellungen westlicher »Machos« zu zerstören oder den rigorosen Verfechterinnen der Gleichberechtigung aus der Frauenbewegung zu widersprechen, muss ich sagen, dass die Intimbeziehungen zwischen dem Ehemann und seinen Frauen einzig und allein der Zeugung von Nachkommen dienen. Der Ehemann ist verpflichtet, alles zu tun, damit jede seiner Frauen auch die Kinder bekommt, die sie sich wünscht. Erfüllt er diese Aufgabe nicht, kann dies ein Scheidungsgrund sein. Selbstverständlich hat er seine Vorlieben, diese dürfen jedoch nie zu Ungerechtigkeiten führen. Der Ehemann muss sich um jede einzelne seiner Frauen kümmern, besonders während ihrer Schwangerschaft.

Die Männer in Bangangté sind weit davon entfernt, perfekt zu sein. Vergisst ein Ehemann allerdings ein wenig zu oft seine verschiedenen Pflichten, so hat er mindestens mit Vorwürfen, häufig sogar mit Vergeltungsmaßnahmen zu rechnen. Manchmal verärgert er sämtliche Frauen und löst dadurch einen »Generalstreik« aus. Er ist dann gezwungen nachzugeben, da er sich vor einem leeren Teller wiederfindet, in einem verlassenen Bett, mit schmutzigen Kleidern und in einem unaufgeräumten Haus.

Wenn der Stammesführer sich darüber aufregte, dass er von seinen Frauen nicht bekam, was er wollte, beendete er seinen Ausbruch immer mit den Worten: »Immerhin bin ich der Hahn im Korb.« Ich fand diesen Vergleich nie besonders schmeichelhaft, weder für ihn noch für uns. Doch zumindest war ich mir sicher, dass wir – wenn er nicht mehr Autorität über uns besaß als ein Hahn über seine Hühner – wohl immer das letzte Wort haben würden.

Obwohl jede Frau ihr eigenes Haus und ihre eigenen Felder besaß und nach ihrem eigenen Rhythmus lebte, wurde am Hof des Stammesführers, wie in jedem polygamen Haushalt, die gegenseitige Hilfe groß geschrieben. Ich begriff sehr schnell, dass meine Mitehefrauen die einzigen Menschen waren, auf die ich mich immer und überall verlassen konnte. In den schwierigsten Momenten meines Lebens haben sie sich um mich gekümmert, selbst nachdem ich den Hof schon verlassen hatte.

Dieses Zusammengehörigkeitsgefühl entsteht vor allem während der gemeinsamen Arbeiten zur Erhaltung des Hofes: beim Säubern der Wege und beim Unkrautjäten um die gemeinschaftlichen oder öffentlichen Gebäude herum. Die Frauen gewöhnen sich an die Gemeinschaft und entwickeln eine starke Solidarität untereinander. Außerdem entstehen, wie in jeder Gruppe, persönliche Freundschaften. Frauen, die zusammenwohnen, verbindet häufig eine große Vertrautheit, die es ihnen erlaubt, ihre Aufgaben im Haushalt und mit den Kindern zu teilen. Wenn zwei Frauen im gleichen Zeitraum ein Kind bekommen, können sie ihre Babys manchmal sogar abwechselnd stillen. Dadurch erhält jede von ihnen die Möglichkeit, das Haus zu verlassen und ihren Tätigkeiten nachzugehen.

Das Leben in der Gemeinschaft erklärt auch einige traditionelle Regeln und eine Hierarchie, die das Ganze strukturiert, damit die Freiheit nicht ausgenutzt wird. So muss die erste Ehefrau ihrem Mann jedes Jahr die ersten jungen Knollen, vor allem die der Jamswurzel, zubereiten. Dieses Ritual wird *tchuibte pe'* genannt. Nach dem Tod eines Kindes muss der Mann eine Nacht mit der trauernden Mutter verbringen, bevor er eine andere Frau berühren darf. Stirbt eine seiner Frauen, so kommt die erste Ehefrau in sein Zimmer. Verschwindet die erste Frau aber, muss ihre Stellvertreterin »eingefangen« werden, bevor die traditionellen Riten ausgeführt werden können.

Eine weitere Regel besagt, dass eine Frau, die ihren Mann verlassen hat, im Todesfall eines ihrer gemeinsamen Kinder mindestens eine Nacht bei ihrem früheren Ehemann schlafen muss. Geschieht dies nicht, dann werden Vater und Mutter nie mehr zusammen essen und auch nicht dasselbe Wasser wie die Geschwister ihres verstorbenen Kindes trinken können. Außerdem führt man eine Krankheit oder ein danach eintretendes Unglück in der betreffenden Familie gern auf die Missachtung dieser Regeln zurück.

All diese Verhaltensweisen erlauben es den Menschen, die intimen Beziehungen zwischen Männern und Frauen zu entdramatisieren. Im täglichen Leben hat eine Frau immer die Möglichkeit, sich zu weigern, mit ihrem Mann ins Bett zu gehen. Dadurch werden viele Scheidungen verhindert, denn es ist durchaus möglich, dass eine Frau, die nicht mehr mit ihrem Ehemann schlafen will, weiterhin mit ihren Kindern bei deren Vater leben kann. Eine Frau, die keine Kinder bekommen kann, wird daher auch nicht von ihrem Ehemann verstoßen. Wenn sie es wünscht, wird sie sogar selbst eine Mitehefrau für ihn suchen. Sie wählt natürlich ein Mädchen, mit dem sie sich gut versteht. Oder der Ehemann macht sich selbst auf die Suche nach einer zukünftigen Mutter. Die »Neue« wird in den meisten Fällen von der früheren Frau akzeptiert.

Wie man sieht, ist einer polygamen Familie die Vorstellung von Besitzanspruch oder von Eifersucht in Liebesdingen völlig fremd – zumindest im Bamiléké-Land. Wie es sich im Rest der Welt verhält, kann ich nicht beurteilen ...

Die Frau ist nicht nur finanziell, sondern auch bei der Einteilung ihrer Zeit unabhängig. Der Ehemann isst allein oder mit Freunden, wann es ihm passt. Die Ehefrauen nehmen ihre Mahlzeiten am liebsten in der Küche ein, häufig gemeinsam mit ihren Kindern. Durch diesen Ablauf kann jeder, ob Mann oder Frau, verheiratet oder nicht, nach seinem Rhythmus leben und vor allem immer dann essen, wenn er das Bedürfnis dazu verspürt: »Iss, wenn du Lust dazu hast, ohne dich gezwungen zu fühlen, auf jemanden zu warten, der vielleicht nicht einmal mehr hungrig ist, wenn er dann endlich kommt.«

Freiheit also – aber keine Einsamkeit. Egal, wo sie sich aufhält: Eine Frau ist nie auf sich gestellt, auch wenn sie nicht in einem polygamen Haushalt lebt. Denn die Frauen bilden gern die unterschiedlichsten Gruppen untereinander. Ein Zeichen dafür sind die zahlreichen »Fonds« von Frauen überall in Kamerun. Alle Mitglieder treffen sich wöchentlich oder monatlich, legen je nach ihren finanziellen Möglichkeiten einen bestimmten Betrag zur Seite und übergeben ihn einer Schatzmeisterin. Die Gesamtsumme kommt – immer abwechselnd und je nach den Wünschen und Bedürfnissen der Einzelnen – einem bestimmten Mitglied zugute. Dadurch wird der Betreffenden geholfen, Kapital aufzubauen, das zur Verwirklichung von Projekten, wie beispielsweise zum Bau eines Hauses, zum Aufbau eines Geschäftes, für die Ausbildung der Kinder oder die Bewirtschaftung einer Plantage, verwendet werden kann. Um das erhaltene Geld zurückzubezahlen, genügt es, wenn alle Mitglieder, die schon von der Sammlung profitiert haben, bei jeder weiteren Zusammenkunft den gleichen Betrag beisteuern wie das Mitglied, dem an dem betreffenden Tag die eingesammelte Summe zugesprochen wird. Ist man die Letzte, die in den »Genuss des Geldes« kommt – auf Bangangté heißt es: *ne ju tshua'a* –, zahlen die Teilnehmerinnen somit genau die Summe ein, die man selbst normalerweise einbringt. Sie entspricht dem Betrag, den man jeder Einzelnen von ihnen geliehen hat. Da einem daher im Endeffekt überhaupt nichts geliehen wurde, liegt der einzige Vorteil darin, Geld gespart zu haben.

Auch unter den Männern gibt es diese Art von Versicherungen. Die Ehepartnerinnen nehmen daran nicht teil, so wie sie im umgekehrten Fall nicht bei den Frauentreffen dabei sein dürfen. Es kommt jedoch häufig vor, dass sie sich Geld auf der Bank ihrer Gefährtinnen leihen, einer Art Sparkasse, wo diese das Geld aufbewahren, das sie nicht sofort brauchen. Da sie es ihnen nur leihen, verlangen sie es auch wieder zurück – mit Zinsen, versteht sich.

Ihre Arbeit erledigen die Frauen ebenfalls am liebsten gemeinsam. Jede Woche treffen sie sich an einem bestimmten Tag auf dem Feld einer ihrer Freundinnen und helfen sich gegenseitig bei den anstehenden Arbeiten.

Eine Frau, die ihr Leben in einem solchen Umfeld verbracht hat, erlangt am Ende inneren Frieden und Weisheit. Dies führt dazu, dass ihre Ratschläge nicht nur gehört, sondern auch sehr geschätzt werden.

Im Alltag sind die Frauen, wenn sie sich in die Gemeinschaft einbringen, den Männern gleichgestellt. Sie können, wie wir gesehen haben, die Erbfolge eines Mannes antreten – entweder weil er keinen Sohn hatte, oder weil nur eine seiner Töchter die von ihm gewünschten Eigenschaften besaß. Übrigens gibt es auch den umgekehrten Fall, dass Männer von ihrer Mutter erben.

Ebenso existiert kein einziger Tanz, bei dem die Frauen ausgeschlossen sind. Sie können bei allen Versammlungen am Hof teilnehmen, vorausgesetzt sie sind von ihrem Vater als Erbin eingesetzt worden.

Um sich von der Freiheit und Unabhängigkeit der Frauen zu überzeugen, genügt es, sie auf dem Markt zu beobachten. *Bayam salam* heißen die Händlerinnen, die ihre Ware en gros einkaufen, um sie später einzeln weiterzuverkaufen. Sie verbringen ganze Tage damit, alles aufzukaufen, was die Bauern in die Stadt bringen wollen. Manchmal leihen sie sich ein Auto, um selbst in die entlegensten Gebiete zu fahren und die Waren dort so billig wie möglich zu erstehen. Anschließend verkaufen sie sie weiter, bei jedem Wetter, den ganzen Tag lang. Diese Frauen sind kräftig, robust und abgehärtet und besitzen eine direkte Sprache, die keinen Widerspruch duldet. Beim Feilschen geht es häufig sehr rau zu, und es kommt vor, dass sie aufeinander losgehen, wenn mehrere das gleiche Produkt kaufen wollen. Jedenfalls gibt es nicht viele Männer, die es wagen, sich mit ihnen einzulassen.

Das ganze Leben in Bangangté richtet sich nach dem Ablauf der landwirtschaftlichen Tätigkeiten. Von November bis März regnet es nicht. Alles auf den Feldern vertrocknet. Diese Zeit nützt man, um die Äcker vor dem Pflügen der Erde herzurichten. Die Nächte sind kühl, doch sobald die Sonne am Horizont erscheint, steigt die Temperatur sehr schnell an. Ab sechs Uhr morgens sind alle auf dem Feld, um die Frische der Morgendämmerung auszunutzen. Am Vorabend haben die Frauen ein Picknick für den nächsten Tag vorbereitet. Mit einem langen, löchrigen Korb auf dem Kopf, dem so genannten *kag*, ziehen sie los. Darin transportieren sie ihre Arbeitsgeräte – Hacke, Machete oder Setzholz –, das Saatgut, wenn Pflanzzeit ist, und, nicht zu vergessen, ihr Essen. Auf dem Rückweg wird der *kag* mit Holz oder den Ernteerträgen des Tages gefüllt.

Jede Frau besitzt mehrere Felder. Im Allgemeinen befinden sie sich an verschiedenen Orten, da die Böden je nach ihrer Lage unterschiedliche Eigenschaften aufweisen: Einige eignen sich besser für Mais, andere für Erdnüsse, wieder andere für Jamswurzeln, Macabos oder Kartoffeln. Selbst die Bananenstauden werden nicht zufällig angepflanzt. Daher liegen die Felder weit auseinander und oft auch weit weg von den Wohnorten. Manchmal muss man um vier oder fünf Uhr morgens aufstehen und fünf bis zehn Kilometer zu Fuß laufen, um zu ihnen zu gelangen, bevor es zu heiß zum Arbeiten wird.

Die Männer übernehmen die großen Aufgaben: das Roden der Felder, den Bau von Zäunen, die Gewinnung von Palmwein, wofür der Stamm der Nadelpalme eingeritzt wird, das Schneiden von Bambus, die Bewirtschaftung der Bananenplantagen und die Errichtung sämtlicher Gebäude auf dem eigenen Besitz. Sie kümmern sich auch um die einträglicheren Pflanzungen, wie Kaffee und Kakao, gehen auf die Jagd und besorgen Bau- und Nutzholz. Früher nannte man den Ehemann *nga tshiang ntswèn*, »Holzsammler«, und die Frau *nga na pon*, »Couscous-Köchin«.

Männer und Frauen arbeiten fast nie zusammen. Meistens ist es die Frau, die sich um die Ernährung der Familie kümmert. Sie stellt die Mahlzeiten aus dem, was sie auf ihren Feldern erntet, zusammen. Daher pflanzt sie Dinge an, die sie gern isst oder kocht. Nur selten kauft sie etwas auf dem Markt, das sie selbst hätte anbauen können. Die Vorbereitung einer Mahlzeit beginnt hier also schon drei bis acht Monate im Voraus, da die meisten Knollen so lange in der Erde bleiben müssen.

Neben dem Feld ist die Küche das eigentliche Königreich der Frau, das Reich der Mutter. »Die Mutter« wird sie von allen genannt, sogar von ihren eigenen Kindern, denen es nie in den Sinn kommen würde, irgendein besitzanzeigendes Fürwort zu benutzen. Sie ist *die* Mutter, denn sie übernimmt Mutterfunktion für alle, die sie ernährt.

Die traditionelle Küche ähnelt eher einem Laboratorium, geheimnisvoll und düster. Außer dem Eingang gibt es keine Lüftungsöffnung. Als ich aus Frankreich ins Dorf zurückkehrte, brauchte ich Wochen, um mich an den Rauch zu gewöhnen. Meine Augen tränten und nahmen mir völlig die Sicht, vor allem da die Tür von innen zur Hälfte mit einem *hap' nda* verdeckt war – einem Türflügel aus Bambus, der als eine Art Paravent benutzt wird, um Wind und Sonne abzuhalten. Ich habe diese erste Prüfung trotz allem durchgestanden, denn ich wollte unbedingt wieder die Mahlzeiten zubereiten, die mir in meiner Kindheit so gut geschmeckt hatten.

Die Küche von Matcha, meiner Freundin und Kochlehrerin, wurde sozusagen zu meinem Klassenzimmer. Ich setzte mich auf einen niedrigen Hocker nahe am Eingang, um wenigstens von Zeit zu Zeit einen Hauch frische Luft schnappen zu können. Ich weinte und putzte mir immer wieder die Nase, doch es half alles nichts: Wenn ich wirklich lernen wollte, all diese köstlichen Gerichte selbst zuzubereiten, musste ich mich wohl oder übel an diese erstickende Atmosphäre gewöhnen. Ich übte es täglich. Nach einigen Tagen schlug ich Matcha vor, doch einen Kamin einzubauen; sie hielt mir entgegen, dass der Rauch nötig sei, um die Ernte auf dem Speicher haltbar zu machen und zu trocknen. Ich gab nach, entschlossen nur zu beobachten, ohne zu viele Fragen zu stellen. Irgendwann würde ich es schon von allein verstehen. Alle Handlungen erschienen mir jedoch sehr geheimnisvoll. Zehn Mal musste man auf den Speicher hinaufsteigen, um von dort die vielen kleinen Körbe zu holen, die in meinen Augen alle gleich aussahen. Sie waren ganz schwarz vom Ruß und mit Körnern oder Rindenstückchen gefüllt. Es handelte sich dabei um ganz besondere Gewürze, die man auf gar keinen Fall einfach so benutzen durfte. Man zerrieb sie auf einem Mahlstein zu einer Masse oder zerquetschte sie einzeln. Sie wurden gekocht und dann zerstoßen oder in der Pfanne geröstet, bevor man sie mit dem restlichen Essen vermengte. Manchmal schlief ich auf einem Bett ein, eingelullt von der Hitze, den Gesprächen oder den gesummten Melodien: Ich ließ mich einfach von der sanften und friedlichen Lebensart forttragen.

Wenn es auch mehr als ein Jahr dauerte, bis ich die Zubereitung dieser pikanten und vielfältigen Speisen beherrschte, so wurde mir doch recht bald der Stellenwert klar, den das Kochen im Leben einer Familie und vor allem im Leben einer Frau einnimmt. Eigentlich verbringt sie damit den größten Teil ihrer Zeit. Und wenn sie die übrige Zeit nicht auf dem Markt oder dem Feld ist, so trifft man sie sehr wahrscheinlich bei einer Freundin an – in der Küche natürlich. Entweder essen sie dort gemeinsam oder verköstigen die Kinder und Besucher, die gekommen sind, um den Tag mit ihnen zu verbringen. Wenn die Mahlzeit fertig ist, stellen sie einen Teil davon in einem glasierten Eisentopf für ihren Mann beiseite. Dabei achten sie darauf, dass genügend vorhanden ist, damit er mit seinen Freunden essen kann, falls er nicht allein nach Hause kommt.

Es kommt sehr selten vor, dass sich ein Mann in die Küche verirrt, außer um sich aufzuwärmen. An diesem Ort bringt die Herrin des Hauses allen bei ihr lebenden Kindern bei, wie man kocht und den Haushalt führt. Wenn ihr Ehemann nicht genügend Geld besitzt, um ihr ein eigenes Haus zu bauen, schläft sie dort mit den kleinsten Kindern. Werden sie größer, so zimmern die Jungen sich selbst einen eigenen Unterschlupf direkt neben der Küche.

Traditionell besteht die Küche aus gestampfter Erde. Daher kann das Schmutzwasser einfach auf den Boden geschüttet werden, ohne dass man zum Leeren hinausgehen muss. Überhaupt befindet sich alles auf dem Fußboden. Denn in der Tradition der Bamiléké kennt man weder Tische noch Stühle, auch wenn die Zeiten sich ändern. Ich habe sehr lange gebraucht, um mich daran zu gewöhnen, alles entweder mit gebeugtem Rücken und gestreckten Beinen – der bevorzugten Haltung aller Frauen egal welchen Alters hier – oder auf einem kleinen niedrigen Hocker sitzend zu machen. Es war allein schon eine Leistung für mich, die Küchenarbeit in einer der beiden Stellungen zu erledigen. Ich lernte jedoch nie, mit meinem Teller auf dem Boden hockend zu essen. Bei mir zu Hause gibt es Tische und Bänke.

Der Herd besteht aus drei Steinen in der Mitte des Raumes. Direkt darüber hängt ein großes Gitter aus Bambus oder Rotangrohr, das so genannte *neta'*. Darauf werden die vielen verschiedenen Gewürze der bangangtéschen Küche haltbar gemacht und der überall anzutreffende Nelkenpfeffer getrocknet. Es wird am Hauptspeicher befestigt, dem *tat ntchwen*. Manchmal befinden sich zwei Speicher übereinander unter dem Dach. Darin lagert man die Ernteerträge und kleinere Holzvorräte für das Küchenfeuer. Der Hauptvorrat an Brennholz wird außen an der Hausmauer gestapelt.

Im Zusammenhang mit dem Speicher gibt es bei den Bangangté eine Redewendung, die zwar nichts mit dem Kochen zu tun hat, die ich allerdings nur zum Vergnügen wiedergeben möchte: *Ke ku' neta', ku' tat ntchwen*, »Er kann nicht einmal das Trockengestell für die Gewürze erreichen, tut aber so, als ob er bis zum Speicher mit dem Holz und der Ernte käme« – eine nette Umschreibung für jemand, der zu hoch hinaus will.

Die Zubereitung von kamerunischen Gerichten im Allgemeinen und von Speisen aus Bangangté im Besonderen erfordert sehr viel Zeit. Zum Beispiel die Zubereitung von *koki*: Bevor man den Topf auf das Feuer stellt, muss man die kleinen Bohnen einzeln aus ihrer Schale lösen und sie dann zwischen zwei Steinen zerreiben. Anschließend gibt man die Masse in einen großen hölzernen Mörser und mischt das Ganze mit Wasser, Salz, Nelkenpfeffer und Palmöl. Diesen Teig wickelt man in Bananenblätter und schnürt sie mit einer Faser aus dem Stamm der Staude zusammen. Danach lässt man die so geformten *Koki*-Kugeln im Wasserbad köcheln. Es kommt jedoch nicht in Frage, währenddessen einer anderen Beschäftigung nachzugehen. Die Köchin muss nämlich das Feuer unter den Steinen, auf denen der Topf steht, schüren. Und sie muss Wasser nachschütten. Genauso viel Zeit benötigt man für das *ndolé*, ein Gericht aus Blättern, die man unter reichlich fließendem Wasser waschen muss, damit der starke bittere Geschmack verloren geht. Wenn man sich erst einmal daran gewöhnt hat, erinnern sie an Spinat. Ein weiteres Rezept, das viel Geduld erfordert, ist das *tag fuku'u*, eine Art Grießbrei aus Mais, den man mit Palmöl und Macabo-Blättern mischt. Letztere erzeugen in ungegartem Zustand einen starken Juckreiz: Man muss sie stundenlang kochen, damit sie diese unangenehme Eigenschaft verlieren.

Trotz allem hetzt sich die Köchin nie ab und regt sich auch nicht auf. Es spielt keine Rolle, wie lange sie braucht. Was zählt, ist einzig und allein die Freude, das zu essen, worauf man in den vorangegangenen Monaten Lust hatte. Denn jede Frau denkt schon beim Bepflanzen ihrer Felder an den Menüplan. Die ganze Zeit, die sie mit der Zubereitung der Mahlzeiten verbringt, empfindet sie nicht als Last, da es sie sehr befriedigt, ihren zahlreichen Besuchern diese Gerichte anbieten zu können. Außerdem fühlt sie sich in diesem Raum, in dem sie die alleinige Herrscherin ist, sehr wohl. Sie isst dort, wenn sie Hunger hat, gibt ihren Kindern zu essen, wie sie es für richtig hält, und empfängt wen und wann sie will. Das Einzige, was ihr Mann von ihr verlangen kann, ist, dass sein Essen fertig ist und dass sie es ihm serviert, wenn er es wünscht. Vor allem wenn er Freunde mitgebracht hat. Es wäre eine Schande für ihn, wenn er seinen Gästen nichts anzubieten hätte, selbst wenn seine Frau vorher nichts von ihrem Kommen gewusst hatte. Ein heiliges Gesetz in Bangangté lautet: Niemand soll je dein Haus verlassen, ohne sich gestärkt zu haben.

Ich habe noch nie eine Frau gesehen, die mit dem Abendessen auf ihren Mann wartet. Jeder isst, wenn er Hunger hat. Kocht eine Frau mit Liebe, so merkt man es am Geschmack und an der Menge des Essens, die sie für die Ihren aufbewahrt hat. Übrigens behalten sogar westlich orientierte Paare, die in modernen Wohnungen leben, diese Gewohnheit bei. Ihre Küche ist natürlich kein Ort der Gastlichkeit und Gemeinschaft im traditionellen Sinn. Trotzdem essen die Frauen dort zusammen mit den Kindern, wenn sie mit dem Kochen fertig sind. Der Ehemann setzt sich erst später an den Tisch, allein oder mit Freunden, und isst mit ihnen, was seine Ehefrau für ihn übrig gelassen hat. So bekommt jeder das Gleiche zu essen, allerdings zu unterschiedlichen Zeiten und zusammen mit unterschiedlichen Menschen – je nach Hunger, Lust und Laune.

Die Küche in Bangangté ist ein Ort voller Leben. Die Einrichtung ist immer gleich, und die Rolle der Hauptdarsteller variiert nur durch die verschiedenen Menüs, die dort gekocht werden. Es herrscht jedoch nie die gleiche Stimmung. Je nach den anwesenden Besuchern und der Laune der Gastgeberin kann sie lustig, traurig, laut oder herzlich sein. Die Zeit vergeht sehr langsam. Doch immer wieder wechselt die Bühnenausstattung dieses Theaterstücks, in dem die Akteure zugleich die Zuschauer sind und das niemals langweilig wird.

Während ich diese beiden Kapitel über die Rolle und das Leben der Frau in der Gesellschaft der Bangangté beenden will, wird mir bewusst, dass ich nichts über ihre wichtigsten Vertreterinnen berichtet habe, die sozusagen eine kulturelle Besonderheit der Bamiléké darstellen: die *mamfen*.

Hier ist man üblicherweise der Meinung, dass die Männer das Sagen haben. Eine Frau kann nicht mit ihnen konkurrieren. Es gibt jedoch Frauen, welche die gleiche Stellung wie ein Mann einnehmen: die *mamfen*, wörtlich übersetzt »die Mütter des Stammesführers«. Sehr viele können sich mit diesem Titel schmücken, aber nicht alle besitzen die gleiche Autorität der Bevölkerung gegenüber. Daher werde ich hier nicht über die sprechen, die ihren Titel vom Stammesführer gekauft haben. Auch nicht von denen, die er als besondere Auszeichnung in diesen Stand erhoben hat und die im Allgemeinen machen, was sie wollen, und das Gefühl haben, niemandem Rechenschaft ablegen zu müssen.

Im Gegensatz dazu spielen die echten *mamfen*, die wahren Mütter der Stammesführer, welche die Thronnachfolge in Bangangté angetreten haben, sowie ihre Erben, eine fundamentale Rolle in meinem Dorf. Dadurch dass ihr Sohn zum Stammesoberhaupt wurde, stiegen sie in eine Position auf, deren Autorität selbst von den Männern respektiert wird. Man nennt sie auch *tshùa penzwi*, »diejenigen, die über den anderen Frauen stehen«, *mfen menzwui*, »die Frau, die dem Stammesführer gleichgestellt ist«, oder am gebräuchlichsten auch *ngwat ngaap*, »diejenige, die einsammelt und austeilt«, das heißt eine Frau, die ohne Grenzen und ohne Unterschiede den anderen gibt. Diese von allen geachteten Frauen trennen sich nie von ihrem Zepter, einem Zweig des »Friedensbaumes«, dem so genannten *mfe kang'*. Dieser Strauch besitzt eine sehr starke symbolische Bedeutung. Legt man das Zepter zum Beispiel auf irgendeinen Gegenstand, so darf er von niemandem mehr berührt werden, da er ab diesem Augenblick dem Stammesführer gehört. Richtet man es auf ein Haus, muss jegliche Tätigkeit sofort unterbrochen werden. Eine *mamfen* zieht immer damit herum, um überall dort, wo es nötig ist, eingreifen zu können.

Oft stellt sie allein durch ihre Gegenwart den Frieden wieder her.

Ich habe gehört, dass ein zum Tode Verurteilter früher sofort begnadigt wurde, wenn er der Mutter des Stammesführers die Hand küsste – heute kann der Stammesführer selbstverständlich keine Todesstrafe mehr über einen seiner Untertanen verhängen.

Die *mamfen* sind vor allem bei den Menschen der einfachen Bevölkerung sehr geachtet, denen sie gern Ratschläge erteilen. Sie unterstützen oder vertreten den Stammesführer in vielen Angelegenheiten. Zudem haben sie ihm gegenüber Autorität. Die leibliche Mutter des Stammesoberhauptes könnte, wie man mir erzählte, sogar so weit gehen, ihn zu ohrfeigen – vorausgesetzt niemand beobachtet sie dabei. Begeht der Herrscher einen Fehler, kann man den *mamfen* vorwerfen, ihn nicht gut genug beraten zu haben.

Die königlichen Mütter scharen Menschen aller Couleur um sich. Ihre Häuser, die in der Nähe des Häuptlingshofes liegen, sind Häfen des Friedens, wo man immer etwas zu trinken und zu essen bekommt. Dennoch ist eine *mamfen* nicht reich, da sie alle Geschenke, die sie erhält, ungeachtet ihrer Stellung wieder weitergeben muss, genauso wie ihr Sohn am Hof. Dies gilt auch für Dinge, die sie sich selbst erarbeitet hat.

Ich erinnere mich noch an die Besuche bei der Mutter meines zukünftigen Ehemannes, als ich noch nicht wusste, dass ich eines Tages ihre Schwiegertochter sein würde. Immer waren Besucher bei ihr zu Hause, und die Gläser mit Palmwein wurden nie leer. Kam jemand genau in dem Moment, wo sie das Essen austeilte, so servierte sie dem Neuankömmling seinen Anteil auf einem Bananenblatt, da sie nicht genug Teller für die zahlreichen Gäste hatte, die unangemeldet hereinschneiten.

Eine *mamfen* ist an erster Stelle die Mutter aller.

Hier bleibt kein Kind allein

Willkommen, ihr Kinder von allen!

In Bangangté liegt die Hauptsorge jedes Mannes und jeder Frau im zeugungsfähigen Alter darin, möglichst viele Kinder zu bekommen. Das ist umso wichtiger in einer Umgebung, in der die Kindersterblichkeit noch relativ hoch ist und jeder um Nachkommen besorgt ist, die seine Ahnenreihe fortsetzen. Die Geburt eines Kindes in Bangangté macht seine Familie, sein Wohnviertel und das ganze Dorf überglücklich. Sie gilt als großer Reichtum und wird als Segen, als eine Gabe Gottes angenommen. Die Eltern nehmen dieses Ereignis wie ein Geschenk an, da sie es nicht ausgewählt und bestimmt haben.

Kinder zu bekommen ist so wichtig, dass, wenn die Würdenträger einen Erben nach dem Tod seines Vaters »einfangen«, niemand im ganzen Land mit einer Hacke auf seine Felder gehen darf, bevor nicht eine der Frauen des neuen Stammesführers schwanger ist. Geht alles gut, so wird zwei oder drei Monate später, sobald eine von ihnen ein Baby erwartet, die Neuigkeit überall mit Freudenschreien verbreitet: *Ngo bwoo, Ngo bwoo*, »das Land ist schön und vollendet«, wiederholt man immer wieder zur allgemeinen Zufriedenheit, da der Stammesführer nun einen Erben haben wird. Außerdem herrscht große Erleichterung darüber, dass das Leben und die Arbeiten auf den Feldern wieder ihren gewohnten Gang nehmen können.

Die Geburt eines Kindes scheint das Haus tagelang in Feststimmung zu versetzen. Manchmal hält diese Atmosphäre auch wochenlang an. Man kann sichergehen, dort Tag und Nacht etwas zu essen zu bekommen. Eltern, Freunde oder Nachbarn der Familie lassen es sich nicht nehmen, »das Kind anzuschauen«. Damit auch die Menschen, die nicht in der Nähe wohnen, an dem Ereignis teilhaben können, sagt man, es sei niemals zu spät, das Kind anzuschauen, selbst wenn ein Jahr vergangen ist.

»Das Kind anzuschauen« heißt nicht, die junge Mutter einfach an ihrem Bett zu besuchen. Manchmal verweilt man einige Stunden dort, manchmal mehrere Tage, Wochen oder sogar noch länger. Man hilft der Mutter bei der Pflege des Neugeborenen und beteiligt sich an allen häuslichen Pflichten: im Haushalt, in der Küche und bei der Arbeit auf dem Feld. Die Besucherin bringt von ihr selbst gekochtes Essen mit oder rohe Nahrungsmittel, die sie während der Zeit ihres Besuches bei der Familie des Säuglings zubereiten wird. So vergeht die Zeit mit Essen, Trinken, Gesprächen und bei geselligem Zusammensein. Auch die Männer bringen ihren Anteil vorbei, bleiben jedoch normalerweise nicht so lange wie die Frauen.

Es kommt vor, dass einige bei diesem Aufmarsch keine Geschenke dabei haben, obwohl sie häufig am längsten bleiben. Zwar sind sie eifrig um das Wohl von Mutter und Kind besorgt, vor allem aber profitieren sie vom reichlich vorhandenen, kostenlosen Essen. Auf Bangangté sagt man, sie seien gekommen, um »die Reste des Kindes zu holen«, *ne se' nkui netùn men*. Denn die Besucher haben das unbedingte Recht, bewirtet zu werden, und es wäre eine Schande, wenn man ihnen in einem Haus, wo gerade ein Kind geboren wurde, nichts anzubieten hätte. Daher bemühen sich die gesamte Familie, aber auch die Nachbarn darum, dass es immer etwas zu essen gibt. Der Vater des Kindes ist für die Getränke zuständig.

Ob man in der Gruppe oder einzeln anreist, der Ablauf folgt stets dem gleichen Schema. Man nimmt den Säugling in die Arme und heißt ihn zuerst einmal willkommen, *Se' mebwo*. Diese Worte wiederholt man ihm den ganzen Tag lang, singt ihm Wiegenlieder vor und nennt alle seine *ndap*. Das Neugeborene ist unzweifelhaft ein *mèn ngo*, ein Kind der Gemeinschaft, des ganzen Landes und der Vorfahren.

Einige Tage nach der Geburt »versteckt« beziehungsweise vergräbt man die Nabelschnur auf dem Land des Vaters, nachdem sie zuvor mit Palmöl bestrichen wurde. Diese Zeremonie bindet das Neugeborene ganz konkret an die Erde seiner Vorfahren väterlicherseits. Jahre später wird das Kind wiederkommen und ein kleines Huhn – *ngap mbum* – an dieselbe Stelle bringen, um damit seine Bindung an seinen Geburtsort noch mehr zu festigen.

Das Verstecken der Nabelschnur nimmt man zum Anlass, um *kelombab* zu essen, ein buntes Gericht aus lange gekochten Bananen mit Lammfleisch und Palmöl, das Ganze verfeinert mit stark schmeckenden Gewürzen.

Für die ersten Tage nach der Geburt gibt es spezielle Tänze, um der Freude über das Baby Ausdruck zu verleihen. Anschließend finden wiederholt spontane Feste statt. Und wieder wird gegessen, insbesondere das »Couscous zu Ehren des Kindes«, eine Art Polenta, das man in eine klebrige Soße, zubereitet aus der Rinde eines Busches und verfeinert mit zwölf verschiedenen Gewürzen, tunkt und es dann, ohne zu kauen, hinunterschluckt. Dieses Gericht, bekannt als *pan nkwu* oder besser noch unter dem Namen *nkui*, wie die Leute aus Bandjoun sagen, soll angeblich den Milchfluss anregen, vor allem zusammen mit Palmwein.

Nach meinen beiden Entbindungen am Hof des Stammesführers bin ich buchstäblich vollgestopft worden. Zwar fand ich es überaus angenehm, meine Tage mit Nichtstun zu verbringen, ohne einkaufen und mir darüber Gedanken machen zu müssen, was ich kochen sollte. Dennoch fiel es mir schwer, nicht nur die drei Mahlzeiten pro Tag, die man mir zubereitete, zu würdigen, sondern auch noch alles, was mir die Menschen, die zu jeder Tages- und Nachtzeit in mein Zimmer kamen, brachten. Und wenn ich begann, das Essen zu verweigern oder auch nur langsamer aß, weil ich nicht mehr konnte, warf man mir vor, ich würde nicht an das Wohl meines neugeborenen Kindes denken. Denn nicht mir wurden all diese Speisen dargeboten, sondern meinem Kind. Die Ausdrucksweise der Bangangté formuliert dies sehr treffend. Es heißt in solchen Fällen: »Etwas in die Brust des Babys geben.«

Zumindest in den ersten beiden Monaten nach der Entbindung, insbesondere wenn es die erste ist, muss eine Frau nichts anderes tun, als ihr Kind stillen. Häufig ist ihre Mutter oder ein anderer Angehöriger immer bei ihr zu Hause und übernimmt für unbestimmte Zeit und mit Unterstützung der übrigen Besucherinnen die Führung des Haushaltes. Sie kümmert sich um einen reibungslosen Ablauf in der Küche, aber auch, falls nötig, auf den Feldern. Erst nach einer kurzen Zeremonie, während der ihre Hände gewaschen werden, darf die junge Mutter ihre üblichen Tätigkeiten wieder aufnehmen. Diese Zeremonie bietet natürlich ein weiteres Mal die Gelegenheit zu einem guten Festmahl.

Nach dieser Beschreibung der ersten beiden Monate vermutet man vielleicht, das Kind stehe im Mittelpunkt der Aufmerksamkeit seiner Mutter und werde von ihr verwöhnt, bewundert und verhätschelt. Das Gegenteil ist der Fall, und zwar schon ab dem Zeitpunkt, an dem es beginnt sie wiederzuerkennen. Sogleich wird alles Mögliche unternommen, damit es sich nicht zu sehr an sie bindet. Als ich am Hof des Stammesführers lebte und mein Kind stillte, kamen meine Mitehefrauen oft und nahmen es mir ohne ersichtlichen Grund aus den Armen. Selbstverständlich fing das Baby sofort an zu schreien. Daraufhin schimpften meine Mitfrauen mit ihm oder gaben ihm manchmal sogar einen leichten Klaps. Hatte das Kind sich schließlich beruhigt, gaben sie es mir zurück, damit es seine unterbrochene Mahlzeit fortsetzen konnte, bis es satt war.

Während der Stillzeiten kam es auch vor, dass das Kind mich mit diesem liebvollen Blick, der allen Babys eigen ist, anschaute oder mit seiner kleinen Hand ein Streicheln andeutete; dann schlug meine Besucherin ihm auf die Hand, stark genug, um es zum Weinen zu bringen. Verlieh es seinem Kummer darüber, von mir getrennt zu sein, zu lautstark Ausdruck, so »entführte« man es gelegentlich, und es kam vor, dass mich das Baby stundenlang nicht mehr sehen durfte. Bei der Geburt von Sophie schockierte mich dieses doch sehr ruppige Verhalten natürlich sehr. Die Frauen erklärten mir jedoch, es sei wichtig, ein Kind zu lehren, dass jede und jeder seine Mutter ersetzen können soll und auch muss.

Um den Säugling schon früh an die Unabhängigkeit zu gewöhnen und ihn gleichsam abzuhärten, verbringt er seine Tage seit den ersten Wochen mit seinen älteren Geschwistern. Man bringt ihn seiner Mutter nur zum Stillen oder wenn er zu sehr weint. Allerdings nicht gleich bei den ersten Schluchzern, da man sichergehen will, dass es wirklich der Hunger ist, der sein Weinen verursacht.

Hierzulande sind die Frauen der Meinung, es sei ein guter Abstand zwischen zwei Geburten, wenn das ältere Kind sich um das jüngere kümmern kann. Ich erinnere mich an einen Sohn des Stammesführers, Serge, der mit drei Jahren den ganzen Tag lang für seinen jüngeren Bruder Éric verantwortlich war. Éric lernte sehr spät laufen, und da Serge mit den anderen Kindern in seinem Alter spielen wollte, musste er ihn überall mitschleppen. Er hielt ihn an einer Hand und zog ihn auf seinen Rücken, während er sich nach vorne beugte. Doch trotz seiner Bemühungen schleiften Érics Füße immer am Boden. Nie halfen ihm seine anderen Brüder – außer in sehr gefährlichen Situationen –, nie beschwerte sich Serge und fast nie hörte ich Éric weinen. Währenddessen erledigte die Mutter der beiden ihre Arbeit, ohne sich zu beunruhigen. Sie wusste ja, dass es immer erwachsene Helfer am Hof gab, andere Ehefrauen oder Angestellte des Stammesführers, die bereit waren einzugreifen. Trotzdem konnte ich damals nicht genauso sorglos mit meinen Kindern umgehen wie sie.

Das Neugeborene wird also nicht als Besitz seiner Eltern angesehen. Sie sind nur das Zwischenglied, durch das Gott ihn der Welt geschenkt hat. Zuallererst gehört es einer großen Familie an, für die der Vater Verantwortung trägt, egal ob es sich dabei um den leiblichen handelt oder nicht. Und dann ist es Teil des ganzen Dorfes, des ganzen Volkes der Bangangté. Das ist auch der Grund, warum die meisten Kinder nicht bei ihren eigentlichen Eltern aufwachsen.

Kommt man das erste Mal in ein Haus, wird man über die große Anzahl von Kindern dort staunen. Berücksichtigt man die umfangreichen Tätigkeiten der Mutter, muss man sich wundern, wie gut sie ihre zahlreichen Schwangerschaften überstanden hat – denn wir befinden uns hier nicht in einem polygamen Haushalt. Man könnte zudem vielleicht vermuten, in diesem ganzen Haufen befänden sich auch die Nachbarskinder, die gekommen sind, um mit ihren kleinen Kameraden zu spielen. Dennoch erhalten alle, wenn das Essen verteilt wird, einen eigenen Teller. Und die Hausherrin spricht bei dieser bunten Kinderschar von »meinen Kindern«.

Um dieses Rätsel zu lösen, fragt der unwissende Neuankömmling schließlich seine Gastgeberin. Sie lächelt ihn an – mit einem Blick, der ausdrückt, dass die Weißen in ihren Augen wirklich eine Vorliebe für sinnlose Fragen haben – und erklärt sich schließlich bereit, eine »für Europäer« verständliche Erklärung abzugeben:

»Ich selbst habe sechs Kinder geboren, aber ein Baby starb. Meine älteste Tochter wohnt bei meinem großen Bruder in Douala. Sie geht dort aufs Gymnasium. Ihr jüngster Bruder lebt bei meiner Schwiegermutter, die allein im Dorf ist. Mein Sohn hilft ihr bei den schweren Arbeiten und vor allem beim Einkaufen. Er geht dort auch zur Schule. Die beiden Kleinen da hinten sind die Kinder meiner jüngsten Schwester. Das Mädchen, das gerade zum Wasserholen gegangen ist, ist eine Nichte meines Mannes. Und das junge Mädchen, das mir oft beim Kochen hilft, ist die Tochter meiner besten Freundin, die in Jaoundé wohnt. Sie geht hier zur Schule und nächstes Jahr werden ihre beiden kleinen Brüder auch kommen ...«

Die Gastgeberin wird vielleicht noch lange so fortfahren, wenn man nicht um Nachsicht bittet.

Die Kinder bevölkern jedoch nicht nur die Häuser. Sie sind überall. Ab dem Sonnenaufgang sieht man sie beim Wettlaufen oder Wasserholen an den kleinen Brunnen am Straßenrand. Vor und nach der Schule überschwemmen sie buchstäblich sämtliche Straßen. Angefangen bei den Kleinsten, die in den Kindergarten gehen, bis hin zu den Größten aus der Abschlussklasse überfüllen sie die Gehwege ... *wenn* es Gehwege gibt. Tagsüber ziehen die Jüngsten, die noch nicht alt genug sind für die Schule, genauso unbeschwert durch die Straßen und Wege, wie wenn sie sich im Hof ihres Hauses befinden würden. Meistens tragen sie ihre jüngeren Geschwister, die noch nicht laufen können.

Man trifft sie wirklich überall – nur nicht im Blickfeld ihrer Eltern. Doch das ist auch nicht wichtig, denn sie sind umgeben von Erwachsenen, die nicht nur das Recht, sondern auch die Pflicht haben, auf sie aufzupassen. Da ein Kind der Gemeinschaft gehört, fühlt sich jeder Erwachsene für dasjenige, welches er gerade vor sich hat, verantwortlich, wie wenn es sein eigenes wäre. Es ist sein eigenes.

Die meiste Zeit barfuß und in Kleidung, der Staub, Matsch oder Flecken nichts mehr ausmachen, können sie bestimmt nicht einschätzen, welches Glück sie haben, in völliger Freiheit aufzuwachsen, sowohl in der Stadt als auch auf den umliegenden Feldern. Sie sind auf sich selbst gestellt und treffen bei ihren Streifzügen immer wieder auf alle möglichen Menschen, die sie so kennen lernen. Dank der vielfältigen Erfahrungen, die sie selbständig machen können, lernen sie sehr früh, den Gefahren in ihrer Umgebung aus dem Weg zu gehen. All dies geschieht jedoch unter der ständigen und diskreten Beobachtung von Erwachsenen, die ihnen zur Seite stehen und die Rolle von »Hilfseltern« übernehmen. Mischt sich ein anderer Erwachsener ein, wenn ein Kind dabei ist, eine große Dummheit zu begehen, so würde weder die Mutter noch der »leibliche« Vater auf die Idee kommen ihm zu sagen, er solle sich um seine eigenen Angelegenheiten kümmern. Denn es handelt sich hier ebenfalls um die Angelegenheiten des Unbekannten. Sogar ein Fremder kann ein Kind bestrafen oder korrigierend eingreifen, wenn er es für nötig hält, da es zu seinem Wohl geschieht. Deswegen tut er auf diese Weise der ganzen Gemeinschaft einen Gefallen. Man kann einem Erwachsenen sogar vorwerfen, dass er ein Kind nicht zurechtgewiesen hat, denn es wird erwartet, dass er alle Kinder so behandelt, als wären es seine eigenen.

Es ist allgemein üblich, den kleinen Jungen oder das kleine Mädchen im Alter von sechs oder sieben Jahren einem Onkel, einer Tante, einem Freund der Familie oder den Großeltern anzuvertrauen. Allerdings darf man nicht glauben, dass diese Kinder besonders verwöhnt würden, wie man es vielleicht in Europa erwarten könnte. Im Gegenteil: In Bangangté müssen diejenigen, die den Alten anvertraut werden, viel mehr tun als die anderen, weil sie öfter schwere Arbeiten erledigen müssen, um ihrem Großvater und ihrer Großmutter zu helfen.

Daher nennt man normalerweise die Personen, bei denen man die ersten Jahre verbracht hat, unzweideutig »mein Vater und meine Mutter«. Manchmal kommen die Kinder schon so jung dorthin, dass sie sich an ihre leiblichen Eltern nicht mehr erinnern können. Werden sie ihnen eines Tages vorgestellt, so erleiden sie kein psychologisches Trauma. Sie sind eben ihre Kinder, genauso wie all die anderen, lebende oder tote. Doch ihre kindliche Elternliebe gehört für immer den »Adoptiveltern«, denen sie anvertraut wurden. Die Bangangté sagen: *nàbte tshùà tchang*, »derjenige, der sich um etwas kümmert, bedeutet mehr als derjenige, der etwas erschafft«. Dieser Spruch gilt für die Menschen ebenso wie für die Natur. In diesem Zusammenhang ist auch der Begriff »Überlassung von Land« zu verstehen: Das Land gehört denen, die es bewirtschaften. Allerdings darf man das Wort »gehören« nicht zu eng sehen. Man ist eher der Verwalter seines Landes.

Wie das System des *ndap* zeigt, leitet sich die Kindschaft aus dem Clan des Vaters ab. Ein sehr weites

Feld also, da der in Frage kommende Vater nicht unbedingt der leibliche Vater ist. Zum Ausgleich dafür gibt es eine Reihe von traditionellen Riten, die dazu dienen, die Kinder an die Familie der Mutter zu binden. Egal ob Jungen oder Mädchen, de facto ist die Familie der Mutter für alle wichtiger als die des Vaters. Kommt daher ein Vater, aus unterschiedlichen Gründen, in einem polygamen Haushalt seinen Verpflichtungen zur Zahlung des Schulgeldes für eines oder mehrere seiner Kinder nicht nach, dann greift die Familie der Mutter des jeweiligen Kindes ein und bezahlt sämtliche Kosten, für die eigentlich der Vater hätte aufkommen müssen. Nicht selten bestehen in der Ausbildung der Kinder ein und desselben Vaters beträchtliche Unterschiede, und zwar aus dem einfachen Grund, weil die Familie der betreffenden Mutter den Kindern ihrer Tochter, für die sie die Aussteuer erhalten haben, ein höheres Studium bezahlen konnten.

Das Verhältnis zwischen den Kindern und ihren Großeltern mütterlicherseits ist in der Regel sehr eng. Immer wenn sie zu dem Ort kommen, an dem ihre Mutter aufgewachsen ist, werden sie stolz und herzlich empfangen. Die Enkelkinder, *mekaat* genannt, besitzen zum Beispiel das Privileg des *nsi la'*, das heißt, sie haben ein Recht auf den »Rest am Boden«. Ich bin Ntechun, also stammt meine Familie mütterlicherseits aus Bangoulap. Angenommen ich schwatze mit einer Person aus diesem Dorf. Fällt ihr während unserer Unterhaltung etwas auf die Erde, eine Kartoffel vielleicht oder auch ihr gut gefüllter Geldbeutel, und ich sage geistesgegenwärtig »nsi la'«, so gehört der betreffende Gegenstand mir. Ich muss wohl nicht erklären, dass ich dieses Privileg nie missbraucht habe. Ein weiterer Vorteil liegt darin, dass ich bei meinen Reisen nach Bangoulap Anspruch auf den Kopf des Tieres habe, wenn eine Ziege geschlachtet wird, was eine große Ehre bedeutet.

Diese Sitte, die *mekaat* auf Händen zu tragen, beweist, dass die Familie der Mutter sie nicht gänzlich verlieren möchte, auch wenn sie zur Familie des Vaters gehören. Denn durch den Empfang der Aussteuerzahlung für ihre Tochter verlieren sie eigentlich auch alle Rechte an ihren Kindern. Ihnen bleibt demnach nur ihre Zuneigung, um die Verbindung zu ihnen zu erhalten. Und mit Zuneigungsbezeugungen sparen sie nicht.

Im Erwachsenenalter, bei den Jungen, und nach ihrer Heirat, bei den Mädchen, müssen die *mekaat* ein Ritual ausführen, das *kan* genannt wird. Sie bringen den Eltern ihrer Mutter eine Ziege, die aber nicht getötet werden darf, weil sie Junge kriegen soll, und einen Kanister mit zwanzig Litern Palmöl. Kann es der Enkel sich leisten, so spendiert er auch Salz, Seife, Reis und andere Dinge, die der Großvater unter seinen Frauen aufteilt. Außerdem sorgt er für die Getränke, damit jeder mit dem Großvater feiern kann, der an diesem Tag besonders stolz auf seinen Enkelsohn oder seine Enkeltochter ist. Anschließend macht der Großvater einen kleinen Schnitt ins Ohr der Ziege, mischt das Blut aus dieser Wunde mit Palmöl, das auf seinem Grundstück mit Hilfe einer besonderen Pflanze versprengt wurde, und reibt diese Mischung auf die Brust seines Enkelkindes.

Dies ist die bedeutendste und wirksamste Segnung, die es gibt. Da der Großvater mütterlicherseits eigentlich überhaupt kein Recht mehr an den Kindern seiner Tochter hat, bemüht er sich um ein offenes, freigiebiges und ehrliches Verhältnis zu ihnen. Hat ein Junge keinen Erfolg im Leben, weil er ungeschickt oder ein Pechvogel ist, oder bekommt ein Mädchen keine oder nur wenige Kinder, dann wird man als Erstes diesen Ritus durchführen, falls dies nicht schon geschehen ist, damit alles wieder in Ordnung kommt. Denn traditionsgemäß ist der Großvater mütterlicherseits derjenige, der seinen Enkeln für all ihre Vorhaben die nötige Kraft gibt.

Eines Tages musste eine meiner Mitehefrauen ins Krankenhaus. Da sie im Bett bleiben sollte, schickte ihre Mutter mich mit der vorgeschriebenen Ziege und dem Kanister voll Palmöl zu ihrem eigenen Vater, um den »Segen« zu holen. Sie war jedoch nicht ganz sicher, ob ich genügend Zeit hätte, um alles vor Beginn der Operation zu schaffen. Deshalb legte sie schnell einen Zweig vom »Friedensbaum« auf die Schädel ihrer Vorfahren, um ihnen anzukündigen, dass dieses Ritual, das man schon seit langem hätte vollziehen müssen, wenig später stattfinden würde, und bat sie darum, ihre Tochter trotzdem zu segnen. Ich musste meine gesamte Zeit und nicht gerade wenig Geld dafür opfern, um die nötigen Schritte zur Beruhigung meiner Mitehefrau und ihrer Mutter zu unternehmen. Hätte ich mich jedoch geweigert und die Operation wäre schlecht verlaufen, so hätte man mich dafür verantwortlich machen können.

Kinder aus »demselben Bauch«, das heißt von derselben Mutter, aber mit unterschiedlichen Vätern, hängen mehr zusammen als diejenigen, welche denselben Vater, aber verschiedene Mütter haben. Das durch die Mutter weitergegebene Erbe besitzt eine viel stärkere Bedeutung als das des Vaters.

Ihre ganze Kindheit und Jugendzeit hindurch sagt man den Mädchen immer wieder, dass sie das Haus ihres Vaters einmal verlassen müssen, um zu ihrem Ehemann zu ziehen, der manchmal sehr weit von ihrem Geburtsort entfernt wohnt. Die Jungen hingegen bleiben in ihrem Zuhause. Die jungen Frauen wissen jedoch, dass sie immer auf die Unterstützung aller Familienmitglieder zählen können, sogar vor allem dann, wenn sie verheiratet sind. Die Aussteuer ist zweifellos auch ein vorweggenommener Ausgleich für sämtliche Ausgaben, welche die Familie mütterlicherseits hat, um ihrer Tochter und deren Kindern zu Hilfe zu kommen.

Wie überall auf der Welt, so werden auch hier gelegentlich behinderte Babys geboren. Man nennt sie »die Vieräugigen«. Dieser Name kommt daher, dass man der Meinung ist, sie hätten woanders gelebt, bevor sie in ihrer neuen Familie erschienen. Zusätzlich zu ihrem normalen Augenpaar, mit dem sie die Welt wie jeder andere Mensch auch betrachten, besitzen sie ein zweites Paar, das sie in der Welt, aus der sie kommen, benutzten und das sich bei ihrer Geburt nicht geschlossen hat. Doch was ist damit gemeint: die Welt im Jenseits, die Welt der Ahnen oder einfach ein anderer Kontinent? Ich habe es niemals richtig verstanden.

Es sind zahlreiche Geschichten über die »Vieräugigen« im Umlauf. Insbesondere schreibt man ihnen die Fähigkeit zu, dass sie nach Belieben die Gestalt von Erwachsenen annehmen können, die sie in ihrer früheren Welt hatten. Als Baby haben sie viel Zeit, sich zu langweilen, und die Leute glauben, dass sie sich, sobald sie sich unbeobachtet fühlen, den Spaß machen, sich in das Lebensalter zu versetzen, das sie hatten, als sie ihre ursprüngliche Welt verließen.

Kindheit ist Lehrzeit

Besserst du deinen Bambuszaun aus,
so musst du die neuen Teile an den alten befestigen.

Die Kindheit in Bangangté ist eine Lehrzeit, die auf dem Sammeln von Erfahrungen, Nachahmung und mündlicher Wissensvermittlung beruht. Den Kindern wird das Wissen dabei nicht theoretisch vermittelt, sondern sie erwerben es während ihres ganzen Lebens in konkreten Situationen.

Da die natürliche Umgebung des Kindes voller Überraschungen steckt, muss es lernen, sie intuitiv zu erfassen, um sich zurechtzufinden und unmittelbar auf diese unbeständige Welt reagieren zu können. Eine Erziehung, die das berücksichtigt, fördert daher vor allem den Instinkt und die Intuition. Das Nachdenken und Abwägen fällt dabei nicht weg, es steht jedoch immer in direktem Zusammenhang mit einer Handlung.

In diesen sehr armen Gegenden können die Menschen nur in kleinen Gemeinschaften überleben. Ihre Kommunikation untereinander findet persönlich und nur in direktem Kontakt – sozusagen von Mund zu Ohr – statt.

Ein Kind muss also lernen, sich in die Natur einzufügen und achtsam mit ihr umzugehen, da sie seine Nahrungsquelle darstellt. Es muss im Einklang mit ihr leben, ohne sie zu beherrschen, damit es sie nicht zerstört. Es muss jedoch auch lernen, in Harmonie mit seinen Mitmenschen zu leben. Deshalb werden bei der Erziehung folgende Eigenschaften gefördert:

Liebe ohne Besitzansprüche, Großzügigkeit, Gemeinschaftssinn, Freigebigkeit, Respekt vor den Älteren, den Eltern, den Vorfahren und vor »Gott, der alles erschaffen hat: die Natur, die Tiere und uns Menschen. Denn Er allein weiß, wie und warum Er es gemacht hat.«

In einer solchen Umgebung kann sich das Kind Schritt für Schritt entfalten. Es erlangt immer mehr Geschicklichkeit, Körperkraft und Weisheit. Es entwickelt sich selbstständig, indem es sich der Realität bewusst wird. Nach und nach lernt es, »über den Schwierigkeiten«, die ihm auf seinem Weg begegnen, zu stehen, über den Umständen, *ne ze nù*, wie man in Bangangté sagt. Es erlangt die Fähigkeit, »die Situation zu beobachten« und den Alltag mit der erforderlichen Distanz zu betrachten, um die auftretenden Probleme besonnen und erfolgreich lösen zu können.

Vor diesem Hintergrund folgt die Erziehung bestimmten Prinzipien, die vom Alter und der mehr oder weniger gefährlichen natürlichen Umgebung, in der die Kinder aufwachsen, abhängen. Auf jeden Fall leben sie schon von klein auf in einem ungeschützten Umfeld. Sobald ein Baby krabbeln kann, darf es sich völlig frei in der Küche bewegen. Innerhalb dieser begrenzten Welt hat es überall Zugang. Es holt die halbverbrannten Holzstücke aus dem Feuer, nähert sich heißen Töpfen, die manchmal viel größer als es selbst sind, schneidet alles, was ihm in die Finger kommt, mit dem Messer, das es bei den Schalen von Bananen und Macabos gefunden hat, und streitet mit den Hühnern oder den Hunden um alles, was auf den Boden fällt. Das Aneinanderschlagen zweier Steine, die zum Zermahlen von Gewürzen, Piment und Erdnüssen benutzt werden, beschäftigt es mehrere Minuten lang. Die Mutter beobachtet es aus den Augenwinkeln, lässt es aber je nach seinem Entwicklungsstand Erfahrungen sammeln, lässt es sich auch weh tun, ohne dass es sich ernstlich verletzt. Sie greift nur in sehr gefährlichen Situationen ein, zum Beispiel beim Braten, damit sich das Kind nicht durch herausspritzendes Öl verbrennt.

Ebenso nehmen alle Mütter ihre Babys mit auf die Felder, bei Regen oder Sonnenschein, um sie stillen zu können. Die älteren Geschwister – Jungen wie Mädchen – spielen mit ihnen oder schleppen sie herum, während ihre Mutter pflanzt, aussät, Unkraut jätet oder in aller Ruhe erntet. Wenn das Baby müde wird, legt man es auf einem Stück Tuch direkt auf die Erde, umgeben von Pflanzen. Obwohl kleine Reptilien und Insekten in seiner Nähe herumkrabbeln, macht sich keiner Sorgen. Es heißt, die Tiere bewachen die Unschuldigen. Man erzählt sich sogar von einer Schlange, der *lam lam mèn mfen*, »Schlange, die sich um das Kind des Stammesführers gelegt hat«, die den Kleinen immer Gesellschaft leistete und sich wie eine Katze an das schlafende Baby schmiegte.

Nach diesen Erfahrungen, die in der Nähe der Mutter stattfinden, liegen die Jahre der Kindheit und Jugendzeit vor dem Kind, in denen es lernt, ein Erwachsener zu sein. Jetzt hat es unmittelbaren Kontakt mit der Realität des Lebens. Nichts bleibt ihm verborgen, es sieht alles, beurteilt alles – seinem Entwicklungsstand entsprechend natürlich. Dadurch entwickelt sich sein Urteilsvermögen mit zunehmender Erfahrung. Es bekommt alles mit, wie ein Erwachsener: Gewalt, Diebstahl, Leid, Krankheit, Tod. Daher erlebt es den Übergang zwischen der behüteten Kinderwelt und der rauen Welt der Großen nicht als schmerzvoll. Im Übrigen spricht man mit den Kindern immer wie mit Erwachsenen. Es gibt keine »Kindersprache«. Das Kind soll so früh wie möglich unabhängig werden und lernen, die Verantwortung für sein Handeln zu übernehmen.

Zuallererst wird von den Kindern Respekt vor den Älteren, den Erwachsenen, den Würdenträgern, dem Stammesführer, den Vorfahren und vor Gott erwartet. Dadurch dass man ihnen beibringt, alle Älteren zu achten, sind sie offen für deren Ratschläge und können von ihren Erfahrungen profitieren.

Auf diese Weise wird dem Heranwachsenden bewusst, dass nicht alle die gleiche Stellung in der Gemeinschaft einnehmen, sondern dass eine Hierarchie existiert. Er lebt nicht in einem Universum, das einem »Feld voller Farnkraut« ähnelt. Ist ein Feld einmal von Farnen bewachsen, so haben diese alle die gleiche Größe. Sie vermehren sich derart stark, dass nichts anderes mehr unter ihnen wachsen kann. Deshalb spricht man von *ngo nkekwun*, von einem »Feld voller Farnkraut«, um eine Umgebung zu umschreiben, wo selbst die Kleinsten den Älteren wie einem Gleichaltrigen begegnen.

In den Augen der Bangangté führt diese Form von Gleichheit zu Reibereien, die den ehrgeizigen Bestrebungen der Einzelnen Tür und Tor öffnen und letztendlich alle Aktionen blockieren, die für das Überleben der Familie oder, in einem noch weiteren Sinn, der ganzen Gemeinschaft notwendig gewesen wären. Eine Gesellschaft, die nicht gegenseitigen Respekt lehrt, muss damit rechnen, dass jeder auf seinem Recht beharrt. Hingegen kann ein Anführer dort, wo gegenseitige Wertschätzung herrscht, wo man selbst die Meinung des Kleinsten ernst nimmt, den Weg weisen und dafür sorgen, dass einmal getroffene Entscheidungen auch respektiert werden. In einer Welt, die einem Feld voller Farnkraut ähnelt, achtet keiner den anderen, und alle wollen nur ihre eigenen Ansichten durchsetzen. Eine solche Welt endet im Chaos.

»Wird der Haushalt von einer geachteten Person geleitet, so kippt das Wasser fürs Couscous nicht um, und niemand verbrüht sich.« Die Mahlzeit wird rechtzeitig fertig, und jeder kann sich satt essen. Das heranwachsende Kind muss also wissen, dass es – auch wenn es neue Ideen hat oder einen anderen Weg als seine Eltern gehen will – zuerst deren Sichtweise der Welt kennen lernen sollte. Dazu muss es ihnen zuhören, um ihr Wissen zu erlangen und um die Werte zu kennen, an denen sie sich ihr Leben lang ausgerichtet haben. *Bo nke ndjong le nswe à num ze njwèn*: »Besserst du deinen Bambuszaun aus, so musst du die neuen Teile an den alten befestigen.«

In einer Gesellschaft der mündlichen Überlieferung besteht die Gefahr, dass das Wissen und die menschlichen Werte, auf denen jede Gemeinschaft basiert, für immer verloren gehen, wenn sie nicht von einer Generation an die nächste weitergegeben werden. Die alten Menschen sorgen daher für die Überlieferung der Traditionen, sie bilden das Verbindungsglied zwischen den Generationen. Die Erwachsenen glauben, es sei lebenswichtig für ihre

Kinder, auf die zu hören, die ihnen an Jahren oder an Weisheit voraus sind. Damit wollen sie verhindern, dass sie dieselben Fehler wie sie begehen. In der Praxis ist dieses Ziel jedoch nicht so einfach zu erreichen.

Denn wie überall sehen die Jungen erst ein, dass ihre Eltern Recht hatten, nachdem sie ihre eigenen Erfahrungen gemacht haben. Wenn sie nicht auf sie hören, wiederholen die Erwachsenen oft völlig resigniert: *o num tag mèn kekan, mbà wa' tag i tshun*, was so viel heißt wie: »Hört dein Kind nicht auf deinen Rat, lass es machen, was es will. Das Leben wird ihm seinen Weg schon zeigen.«

Ist sich ein Erwachsener sicher, dass das Kind seine Ratschläge verstanden hat, überwacht er es nicht mehr. Er lässt ihm die Freiheit, das zu tun, was es für das Beste hält. Es kann nun in vollem Bewusstsein seinen eigenen Weg wählen.

Auf jeden Fall wird immer akzeptiert, dass jeder Mensch sein eigenes Schicksal hat. Dies kommt in einem weiteren Sprichwort zum Ausdruck: »Man kann ein Kind zur Welt bringen, aber nicht zugleich das, was es im Herzen trägt.«

Die Erwachsenen in Bangangté sagen, jedes Individuum sei in Gottes Hand und niemand könne sich an die Stelle seines Schöpfers setzen. Gott allein weiß, was Er jedem Einzelnen ins Herz gelegt hat; daran etwas ändern zu wollen, würde heißen, seine Pflichten gegenüber seinen Kindern zu überschreiten, Pflichten, die zusammenfassend in der Vermittlung der menschlichen Werte bestehen, die uns selbst von unseren Eltern weitergegeben wurden. Jedes Wesen ist einzigartig. Es verändern zu wollen würde seine Zerstörung bedeuten. Der Respekt, den man schon von den Kleinsten fordert, soll ihnen helfen und sie auf ihrem Lebensweg anleiten, dadurch dass sie Zugang zum Wissen ihrer Ahnen erhalten. Er ist jedoch auf keinen Fall ein Versuch, ihre eigene Persönlichkeit zu verändern.

Das zweite Ziel der Kindererziehung in Bangangté besteht darin, dem Kind verständlich zu machen, dass nur durch die Arbeit jedes Einzelnen die Ernährung aller sichergestellt werden kann. Damit ihm dies rasch vertraut wird, um in ihm die Liebe zu gewissenhaftem Arbeiten zu wecken und ihm sein ganzes Leben lang sowohl die überlebenswichtigen Tätigkeiten als auch die Freizeitbeschäftigungen wie Musik, Tanz, Schnitzereien und Webarbeiten zur selbstverständlichen Gewohnheit werden zu lassen, beginnt das Kind seine »Lehrzeit« so früh wie möglich. Diese Arbeit der Kinder hat jedoch nichts mit Ausbeutung zu tun – im Gegenteil. Indem sie den Erwachsenen nacheifern, haben die Kinder von Bangangté Spaß an der Arbeit.

Die Bangangté sagen häufig: »Wenn man ein Kind auf der Reise trägt, weiß es nicht, dass der Weg lang war.« Um ihm diese Tatsache bewusst zu machen, sollte man es zunächst ein kurzes Stück selbst laufen lassen und dann allmählich immer mehr, damit sein Körper sich ans Laufen gewöhnt. Auf diese Weise wird es bald nicht mehr nötig sein, es zu tragen.

Anhand dieses Beispiels kann jeder verstehen, dass man die Kinder schrittweise sowohl praktisch als auch durch sein Vorbild in alle Aufgaben einführen sollte, die es in Zukunft erwarten. Und zwar so früh wie möglich; denn sonst wird es spätestens an dem

Tag verloren sein, an dem kein Erwachsener mehr da ist, um seine Probleme zu lösen – und seien sie noch so klein.

In dem Tal am Ufer des Flusses Noun lebe ich mit zahlreichen Kindern aller Altersstufen zusammen. Abgesehen von den häuslichen Pflichten sind die Erwachsenen hauptsächlich auf den Feldern beschäftigt: Wir bearbeiten die Felder, säen, jäten Unkraut, hacken und ernten. Während der Trockenzeit bauen wir Gemüse an, das reichlich gegossen werden muss. Mit Hilfe von elektrischen Pumpen und Rohren, die wir eingraben, um das Wasser bis zu unseren Reihen mit Tomaten, Paprika, Piment, Wasser- und Honigmelonen und anderem mehr zu leiten, gelingt es uns, das ganze Jahr über die Felder zu bebauen.

Wenn ich von weitem die Spiele der Kinder, für die ich verantwortlich bin, beobachte, dann bemerke ich jedes Mal, dass sie die meiste Zeit mit dem Versuch beschäftigt sind, unsere Tätigkeiten nachzuahmen. Sie reihen Baumäste aneinander, die ihnen als Rohre dienen, und verbinden sie mit einem Ziegelstein, der die Pumpe darstellt. Das Motorengeräusch beim Starten der Pumpe machen sie mit dem Mund nach. Sobald sie jedoch entdecken, dass ein Erwachsener irgendwo ein paar Rohre vergessen hat, und sie sich unbeobachtet fühlen, benutzen sie lieber die echten Rohre. Einmal überraschte ich zwei vierjährige Kinder bei dem Versuch, die Wasserpumpe in Gang zu bringen, die irgendein nachlässiger Mensch auf meiner Veranda liegen gelassen hatte. Sie hatten die Rohre fehlerlos an die Pumpe angeschlossen. Allerdings war sie zu schwer für sie, um sie bis zum Fluss zu tragen. Sonst hätten sie es geschafft, da bin ich mir sicher.

Die Kinder hier genießen eine große Freiheit inmitten der Natur. Dadurch dass sie es den Erwachsenen gleichtun, zum Beispiel mit selbst gebauten Spielzeugpumpen, entwickeln sie gleichzeitig ihre Fantasie, ihre Kreativität und Erfindungsgabe, aber auch ihre Geschicklichkeit. Und es ist nicht schlimm, wenn ihr Spielzeug kaputtgeht: Sie können sich so viel Neues basteln, wie sie wollen. In der uns umgebenden Natur mangelt es nicht an Material. In Bangangté gibt es keine »echten« Spielsachen, wie man sie in Europa kennt, und die Kinder kommen sehr gut ohne sie aus.

In diesen Jahren internationaler Krisen werden die Schulen offensichtlich nicht so gut besucht. Die Eltern haben nicht mehr genug Geld, um die Schulgebühren für ihre Kinder zu bezahlen, und selbst die Jugendlichen mit Schulabschluss finden häufig keine angemessene Arbeit, welche die Dauer der Schulzeit rechtfertigen würde. In diesem Zusammenhang lässt sich – für eine gewisse Zeit zumindest – eine Rückbesinnung auf die traditionellen Werte und eine Rückkehr zur Erde feststellen. Glücklicherweise verschlingen die Städte in Kamerun nicht das ganze Land, im Gegenteil. Jeder findet auf den großen Freiflächen problemlos ein Feld für sich. Und die Erde ist hier sehr freigiebig.

Meine europäischen Gäste sind manchmal schockiert, wenn sie die Kinder mit Geräten in der Hand bei der Feldarbeit sehen. Ich muss ihnen jedes Mal erklären, dass die Kinder aus der Sicht der Menschen hier nicht unter dieser Arbeit leiden. Und selbst wenn sie es gelegentlich tun, so gibt es keine Lehre, bei der man sich nicht anstrengen und also Mühe auf sich nehmen müsste. Jedenfalls bin ich sicher, dass sie die Übergänge zwischen verschiedenen Lebensabschnitten ohne tiefe seelische Traumata überstehen.

Diese Lehrzeit dauert allerdings sehr lange. Nur laufende Wiederholungen lassen einen die passenden und wirksamen Handlungsweisen herausfinden, um sich in einem vergänglichen und immer wechselnden Umfeld zurechtzufinden – einem Umfeld, das der Mensch zur Befriedigung all seiner Bedürfnisse nutzen muss, ohne es dabei zu zerstören, da er sonst sich selbst zerstören würde. Ein Kind kann, bis es erwachsen ist, nie genug Zeit damit verbringen, die Natur kennen zu lernen. Denn es muss mit ihr umgehen können, wenn es in Harmonie mit ihr leben will. Deshalb erlernt es, neben den eigentlichen Kinderspielen, die Arbeiten der Erwachsenen mit den Werkzeugen der Erwachsenen. Es lernt auch, Verantwortung für seine jüngeren Geschwister zu übernehmen und sich den ganzen Tag lang um sie zu kümmern.

Respekt vor dem anderen und eine natürliche Einstellung gegenüber der Arbeit – da sie in einer Welt, wo uns alles gegeben wird, unseren Beitrag zum Überleben darstellt – sind also die beiden wesentlichen Stützpfeiler der Kindererziehung in Bangangté. Darüber hinaus legt man Wert auf die Entwicklung eines Bewusstseins, das den Kindern das Leben in der Gesellschaft erleichtert und sie von den anderen unabhängig macht.

Seit ich in Bangangté wohne, habe ich, soweit ich mich erinnern kann, nie eine besitzergreifende Liebe zwischen Erwachsenen und Kindern erlebt. Die Eltern haben keine Ambitionen, für ihre Sprösslinge unersetzlich zu sein. Nie muss ein Kind, das zwar müde ist, aber nicht ins Bett will, schlafen gehen, und man verspricht ihm auch keine Gute-Nacht-Geschichte oder dass man sich zu ihm legt, wenn es seine Meinung ändert. Es schließt einfach seine Augen, mitten im Getümmel, und man weckt es erst, wenn die übrigen Familienmitglieder ins Bett gehen. Es muss dann selbst aufstehen und laufen, denn normalerweise trägt man es nicht, selbst wenn es noch klein ist. Weint es, so bringt man es recht ungerührt zum Schweigen, indem man ihm sagt, es solle den Leuten nicht die Ohren voll jammern. Wäre es vorher einfach in sein Bett gegangen, würde es jetzt von niemandem gestört werden.

Es würde auch keinem in den Sinn kommen, ein Kind zum Essen zu überreden. Wenn es isst, dann tut es das um seiner selbst willen und nicht, um irgendjemandem eine Freude zu machen. Eine Mahlzeit gilt als ein Geschenk Gottes, da er denjenigen, die sie besorgt und zubereitet haben, die nötige Kraft dazu gegeben hat. Die Kinder werden angehalten, der Hausherrin für das Essen zu danken, das sie jeden Tag für alle Mitglieder ihrer Familie bereithält. Die Mahlzeiten werden im Übrigen, wie wir gesehen haben, nicht auf einem Tisch serviert, an dem sich alle zur gleichen Zeit zusammenfinden. Es wird so viel gekocht, dass für jeden etwas da ist, und jeder isst, wann und wo er will. Wenn man will, kann man sich das Abendessen sehr gut für den nächsten Morgen zum Frühstück aufheben.

Es kommt jedoch manchmal vor, dass ein Baby zum Essen gezwungen wird, weil man der Ansicht ist, dass es krank ist, wenn es keinen Hunger hat. Isst es nichts, so verschlimmere sich seine Krankheit. Ich habe schon erlebt, dass ein Kind richtiggehend gestopft wurde. Es wurde von starken Armen gehalten und kämpfte verzweifelt, um das Essen nicht hinunterschlucken zu müssen, das am Schluss normalerweise – wenn es nicht wieder ausgespuckt wurde – auf den Kleidern und am Boden landete, zur großen Freude der Hühner und Hunde. Manchmal wehrte ich mich gegen diese brutalen Methoden: »Lasst es endlich in Ruhe.« Denn wenn ich krank bin, dann will ich zuallererst in Ruhe gelassen werden. Doch immer bekam ich zur Antwort: »Es ist zu seinem Besten.«

In Bangangté ist ein Haus kein weiches Nest voller Spielzeug, in dem alles darauf ausgerichtet ist, dass das Kleine beschützt, vergöttert, auf Händen getragen und verhätschelt wird. Nein, ein Haus ist vielmehr ein Ort, wo zahlreiche Kinder vor allem lernen, ihren Teil beizutragen, damit alle ein Dach über dem Kopf und genug zum Essen haben. Sie wissen, dass sie in diesem Zuhause eine Lösung für ihre Probleme erhalten, Ratschläge bekommen, sich umsorgen lassen können und dass die Erwachsenen sie auf keinen Fall im Stich lassen werden.

Allerdings macht man ihnen sehr schnell klar, dass sie eine Belastung für ihre Eltern sind: Sie profitieren nur so lange von der Hilfe eines Erwachsenen, bis sie gelernt haben, selbst zurechtzukommen. Die Arbeit der Kinder ist nicht nur eine Lehrzeit, sondern auch ein notwendiger Beitrag zum elterlichen Haushalt. In jedem Fall lernen sie dadurch, zunächst einmal unabhängig zu werden und später die Familie zu unterstützen – nicht nur im Hinblick auf ihre eigenen Kinder, die sie einmal haben werden, sondern auch hinsichtlich ihrer jüngeren Brüder, Schwestern, Kusins oder Neffen.

Daher wird alles unternommen, um ihnen Verantwortung zu übertragen und sie immer mehr von ihren Erziehern zu lösen. Schon wenn sie noch ganz klein sind, müssen sie so viel wie möglich tun, um sich selbst durchzuschlagen.

Einem Europäer mag die Erziehung der Bangangté rüde vorkommen. Diese Härte existiert jedoch nur auf den ersten Blick. Das Kind weiß immer, dass diese Erziehungsmaßnahmen zu seinem Besten geschehen, dass es geliebt wird und dass man ihm helfen will, seine eigene Freiheit zu erlangen. Es wäre daher ein Widerspruch, einen Menschen zu verhätscheln, den man nicht an sich binden und bei sich behalten darf.

Es kommt selten vor, dass ein Kind aus Bangangté Erwachsene mit Fragen löchert und ihnen mit seinen »Warum« auf die Nerven fällt. Denn sicher würde es zur Antwort erhalten: »Du hast keine Tomaten auf den Augen. Lerne, sie zu benutzen. Schau zu, dann wirst du es verstehen.« Und wenn ein Kind aus meinem Dorf vielleicht »nicht sehr aufgeweckt«, wie meine französischen Freunde einmal bemerkten, erscheinen mag, da es schweigsamer als seine europäischen Altersgenossen ist, so liegt das daran, dass es zunächst beobachtet, bevor es Fragen stellt, um selbst die Antwort zu finden. Es fällt einem Erwachsenen dann leichter, eine Frage zu beantworten, die mit »Wie« beginnt.

Das Kind soll also die Fähigkeit entwickeln, zu beobachten und vor allem auch geduldig zu sein. In meinen Augen stellt Geduld die schönste Tugend dar, welche die Bangangté ihren Kindern vermitteln.

Außerdem gewöhnen sie sie daran, Schmerz, Krankheit und Hunger auszuhalten. Sobald eine Unannehmlichkeit in ihrem Leben auftaucht, sagt man ihnen immer wieder: *Pam mba*, wörtlich: »nimm es an«, was üblicherweise jedoch mit »Geduld« übersetzt wird.

Einmal schickte ich eines der vielen Kinder, um die ich mich gewöhnlich kümmere, den neunjährigen Thierry, zum Schneiden von Bananenstauden. Meine Machete war gerade geschliffen worden, aber Thierry war an diese Art von Arbeit gewöhnt. Dennoch kam er an diesem Tag mit einer tiefen Schnittwunde auf dem Rücken zurück. Er hatte versucht, die Stauden allein nach Hause zu bringen, indem er an einem trockenen Blatt zog. Das Blatt zerriss jedoch, und Thierry fiel nach hinten in die Machete, die er auf einen Erdhügel gesteckt hatte. Da die Wunde recht schlimm aussah, beschloss ich, ihn sofort ins Krankenhaus zu fahren.

Um ihn abzulenken, ließ ich Thierry im Auto erzählen. Völlig ruhig und ohne sich zu beklagen, berichtete er mir, wie er sich verletzt hatte. Die starken Stöße der Schlaglöcher auf der Straße schienen ihm nicht allzu viel auszumachen. Ich war erleichtert, als ich ihn im Krankenhaus einem Pfleger anvertrauen konnte, einem Bangangté, der den kleinen Jungen in rüdem Ton ausfragte:

»Wie konnte es denn passieren, dass du dich in den Rücken geschnitten hast? Warst du wohl wieder mal übermütig oder hast dich mit deinem Bruder gestritten, wie? Wisst ihr denn nicht, dass Macheten gefährlich sind?«

Sein aggressiver Tonfall verwirrte mich. Außerdem wartete der Mann in dem weißen Hemd die Antworten gar nicht erst ab, sondern gab sie selbst. Thierry starrte ihn unablässig an, ohne ein Wort zu sagen, als ob er wüsste, dass man ihm hier nichts schenkte.

»Die Kinder von heute sind zu eigensinnig«, fuhr der Krankenpfleger in schroffem Ton fort und schubste ihn vor sich her, damit er sich schneller zum Behandlungszimmer bewegte.

»Leg dich auf diesen Tisch und beweg dich nicht.«

Ich vernahm beunruhigende Geräusche von Pinzetten und Scheren und von einer Flasche, die energisch auf eine Glasplatte gestellt wurde.

»Der Schnitt ist tief. Ich muss die Wunde nähen und habe kein Betäubungsmittel mehr. Ich warne dich: Ich will keinen Mucks hören. Du bist selbst schuld, hättest du besser aufgepasst.«

Vom Nebenzimmer aus hörte ich nur das Geräusch der Nadel – bestimmt nicht zum ersten Mal in Gebrauch –, die durch Thierrys Fleisch stach, aber nicht das leiseste Stöhnen. Er kam aus dem Zimmer ohne eine Träne, ohne mich anzuschauen, ging direkt zum Auto und setzte sich hinein. Ich bezahlte die Behandlung, was den Pfleger jedoch nicht zum Schweigen brachte.

»Diese wilden Kinder heutzutage machen uns zu viele Sorgen und kosten uns zu viel Geld. Wir haben die Ratschläge unserer Eltern früher viel aufmerksamer befolgt.«

Nachdem ich in der Apotheke die verschriebenen Medikamente für Thierry besorgt hatte, ging ich in die Bäckerei, wo ich ihm ein Stück Kuchen kaufte.

»Bitte kaufe noch mehr davon, damit ich den anderen, die zu Hause auf der Plantage geblieben sind, etwas aus Bangangté mitbringen kann«, bat er mich, als ob wir zusammen eine Spazierfahrt gemacht hätten.

Kommentarlos fügte ich mich seinem Willen, seinen Geschwistern eine Freude zu machen. Das Verhalten Thierrys stellte keine Ausnahme dar. Es entsprach dem normalen und gewohnten Benehmen eines Kindes aus Bangangté; auch der Krankenpfleger verhielt sich nicht außergewöhnlich, selbst wenn seine Vorwürfe vielleicht ungerecht erscheinen. Ich habe im Anschluss an dieses Erlebnis über die Art und Weise nachgedacht, in der man in Krankenhäusern mit Kindern umgeht. Die Weigerung, sie wegen ihres Zustandes zu bemitleiden, soll ihnen – nach Auffassung der Bangangté – helfen, sich nicht gehen zu lassen, sondern ihre gesamte Energie darauf zu konzentrieren, gesund zu werden und ihr Unglück zu ertragen. Schließlich habe ich eine Einstellung kranken oder verletzten Kindern gegenüber angenommen, die zwar weniger hart, aber trotzdem entschlossen ist. Zunächst einmal sage ich ihnen immer: »Es nützt überhaupt nichts zu weinen.« Oder besser noch: »Ich will keinen Ton hören. Erklär mir, was dir passiert ist, damit ich dir helfen kann.«

Selbst heute, nach so vielen Jahren in diesem Land, bin ich immer noch genauso erstaunt über die Geduld der Kinder, aber auch der Erwachsenen. Doch ich schätze sie mittlerweile sehr. Trotz der überfüllten Schulbusse am ersten Schultag hört man während der ganzen Fahrt kein Weinen und keine Beschwerden. Kein Schüler, und sei er noch so jung, wird pausenlos fragen: »Wann sind wir endlich da?«

Bei einer solchen Erziehung, wie sie hier praktiziert wird, in direktem Kontakt mit den Erwachsenen und der Natur, werden die Kinder permanent auf sich selbst zurückgeworfen. Dadurch entwickeln sie nach Ansicht der Bangangté ein entsprechendes und intuitives Wissen gegenüber allen, die ihnen begegnen, und ein Gespür für ihre Umwelt. Denn dieses Wissen beruht auf eigener Erfahrung. Zudem vermittelt ihnen diese Erziehung einen tiefen Sinn für die Solidarität, für das gemeinschaftliche Leben.

In Bangangté kommt es selten vor, dass sich ein Mensch abgrenzt. Nur der so genannte Vampir, so heißt es, lebt lieber allein. Auch im Krankheitsfall wird man nicht vergessen oder im Stich gelassen.

Ich kann mich an ein Missionarsehepaar erinnern, das an Sumpffieber erkrankt war. Die beiden hatten sich in ihrem Haus eingeschlossen und wollten niemanden sehen. Ich musste den Menschen, die draußen vor ihrer Tür aufmarschierten und sie besuchen wollten, erklären, dass man sich in Frankreich zurückzieht, wenn man krank ist, um sich besser erholen zu können. Die abgewiesenen Besucher brachen alle in Gelächter aus und wunderten sich:

»Wenn man niemanden hat, der einen ablenkt, dann verschlechtert sich die Krankheit doch.«

Ich muss jedoch zugeben, dass ich zwar niemanden daran hindere, mich zu besuchen, wenn ich krank bin, allerdings habe ich festgestellt, dass die Besuche mich erst dann ablenken und aufmuntern können, wenn ich schon auf dem Weg der Besserung bin.

Ich habe häufig Freunde im Krankenhaus besucht. Jedes Mal wundere ich mich über die Fähigkeit der Menschen in diesem Land, sich inmitten aller anderen abzugrenzen. Wenn man das Krankenzimmer betritt, egal ob öffentlich oder privat, muss man sich einen Weg durch Töpfe, Teller und Stühle bahnen, auf denen – manchmal schon seit Stunden – diejenigen sitzen, die den Patienten »aufmuntern« sollen. Die Gespräche sind in vollem Gange, egal in welchem Zustand sich der Kranke befindet. Endlich findet man einen Sitzplatz und jemand bietet einem einen Imbiss an, denn einer ist immer anwesend und kocht. Im Übrigen bringt jeder Besucher ebenfalls Speisen mit, die er selbst zubereitet hat. Der Kranke soll die Nähe von Leben und Gesundheit spüren, indem man ihn mit gesunden Menschen umgibt.

Am Hof des Stammesführers habe ich jegliches Schamgefühl verloren, denn ich konnte mich nie zurückziehen, nicht einmal zum Duschen. Ich machte es wie meine Mitfrauen oder die Kinder und wusch mich in einer Ecke der Terrasse. Um mir das Leben zu erleichtern, hatte ich beschlossen, dem Beispiel der anderen zu folgen, das heißt mich nicht um diejenigen zu kümmern, die sich dort befanden, wo ich gerade war. Schließlich stellte ich fest, dass es sehr einfach war, sich auch in der Öffentlichkeit ganz natürlich zu verhalten, denn niemand schenkte mir besonderes Interesse oder beobachtete mich. Jeder ging weiter seinen eigenen Beschäftigungen nach.

Das Leben in der Gesellschaft von Bangangté braucht diese Freizügigkeit. Man muss sich an die Vorstellung gewöhnen, dass das eigene Leben ein Schauspiel für die anderen darstellt und umgekehrt.

Man muss daher vor den Gedanken der anderen keine Angst haben, sondern kann entschlossen die Dinge tun, die man zuerst für sich selbst und dann auch im Hinblick auf die Gemeinschaft für gut erachtet.

Alle Mittel sind recht, um die Schüchternheit zu überwinden. Ein Kind darf sich nicht von den Spielen oder Arbeiten seiner Altersgenossen ausschließen. Nie darf es seine Tage allein verbringen, damit es sich nicht angewöhnt, sich vor der Außenwelt zu verschließen und scheu und ichbezogen wird.

Um den Kindern das Leben in der Gemeinschaft zu erleichtern, werden sie dazu erzogen, nicht nur ihren gesamten Besitz zu teilen, sondern auch ihre Arbeit, ihr Leid, ihre Freude oder ganz einfach ihre Zeit. Man sagt: »Ein wahrer Freund ist bereit, dir beim Bau deines Zaunes zu helfen, auch wenn Markttag ist.«

Dieser Sinn für das Teilen wird einem Kind zum Beispiel in alltäglichen Situationen beigebracht. Häufig erlebt man beim Essen erstaunliche Szenen: So kann es beispielsweise vorkommen, dass ein Kind einem Erwachsenen sein Stück Fleisch anbietet. Das Gegenteil würde man eher erwarten. Sollten nicht die Stärkeren für die Schwächeren sorgen? Der Erwachsene lehnt das Angebot ab, jedoch nicht, ohne sich gebührend zu bedanken. Ein wenig später legt er dann einen Bissen Fleisch auf den Teller des Kindes, das dieses vielleicht wiederum an eines seiner jüngeren Geschwister weitergibt.

Der Alltag ist ein ständiges Spiel aus Anbieten, Abgeben, Austauschen. Dadurch lernt das Kind ganz nebenbei zu teilen, egal mit wem es gerade zusammen ist. Dem anderen etwas zu geben soll zum Vergnügen werden sowohl für den Geber als auch für den, der etwas erhält. Allerdings hat diese Handlung auch eine Gegenleistung zur Folge: Ein Geschenk ist nie einseitig. Beim Heimgehen findet der Geber in seiner Tasche, in der er sein Geschenk mitgebracht hatte, ein anderes Präsent, etwa ebenso wertvoll wie das, welches er verschenkt hatte, je nach der Beziehung, die ihn mit dem Beschenkten verbindet.

Indem ein Kind lernt zu geben, wird es darauf vorbereitet, dass es sich nicht an Besitztümer bindet. In dieser Welt gibt es nichts, was ihm gehört. Wenn es einen Teil seines Essens abgibt, muss es damit rechnen, bis zur nächsten Mahlzeit ein wenig Hunger zu leiden. In vielen Haushalten wird nur einmal am Tag gekocht. Daher muss man lernen, Vorräte für den nächsten Morgen aufzubewahren.

Manchmal wird man Zeuge weiterer seltsam anmutender Erziehungsmaßnahmen. Ein Erwachsener schöpft beispielsweise etwas auf den Teller eines sehr jungen Kindes, das kaum sprechen kann. Gleich darauf streckt er die Hand aus und verlangt: »Gib mir meinen Teil.« Diese Aufforderung wird zunächst sehr freundlich ausgesprochen. Scheint das Kind zu zögern, wiederholt man: »Gib mir meinen Teil.« Dieses Mal jedoch ist es unüberhörbar ein Befehl. Gehorcht das Kind noch immer nicht, nimmt man ihm alles wieder weg und leert seinen Teller. Schreit es vor Wut darüber, so isst man ihm sein ganzes Essen vor der Nase weg. Sobald es mit dem Weinen aufhört, erhält es etwas davon wieder zurück. Natürlich gibt es auch egoistische Kinder, die auf keinen Fall bereit sind zu teilen. Das ist ihr eigenes Pech. Zur Essenszeit fangen sie sofort an zu weinen, bevor man noch etwas von ihnen verlangt hat. Diejenigen hingegen, die gern freiwillig etwas abgeben, suchen einen im ganzen Haus, um den besten Bissen ihrer Mahlzeit herzuschenken.

Die Schule für das Leben schließt in der Gesellschaft der Bangangté also die Freigebigkeit und die Hinwendung zu den anderen mit ein. Diese Eigenschaften lernen die Kinder gleichsam »im Rudel«, da sie zusammen großgezogen werden und sich somit selbst entdecken, indem sie sich aneinander messen.

Das Kennenlernen der Altersgenossen findet auch bei den Spielen statt, häufig in Form von wilden oder freundschaftlichen Rangeleien, die bei den Kindern den Wunsch oder die Gewohnheit fördern, zusammen zu sein. Sie bekommen Lust, miteinander Kontakt zu haben und aufeinander zu zu gehen. Diese Angewohnheit behalten sie auch später als Erwachsene bei und sie kommen zusammen, um zu arbeiten, sich gegenseitig zu helfen oder ein gemeinsames Vorhaben zu realisieren. Vor allem helfen die Spiele, etwa die Schüchternheit zu überwinden. So lässt man die Kinder nicht selten vor versammeltem Publikum tanzen, einem Publikum, das manchmal sehr spöttisch ist. Wenn das Kind sich schämt, wird es wieder in die Mitte geschubst, damit es dort weitertanzt. Dadurch lernt es, mutig zu seinen Handlungen zu stehen.

Ein Spiel scheint mir den Platz, den das Individuum innerhalb der Gesellschaft von Bangangté einnimmt, besonders gut zu verdeutlichen: das *ngwa*-Spiel. Es gehört zu meinen stärksten Kindheitserinnerungen. Bei diesem Spiel konnten wir alle zugleich im Rhythmus unserer klatschenden Hände mitschwingen, während wir einem Spielleiter zuhörten, der entweder eine wahre oder eine erfundene Geschichte erzählte. Begleitet von unserem Gelächter und unseren begeisterten Zurufen stellte er sie pantomimisch dar, während wir immer wieder im Chor einfielen, wie um seine Aussagen, seine Sätze und seine refrainartigen Wiederholungen zu betonen. Die Anzahl der Mitspieler konnte zwischen vier – was nicht besonders lustig war – und fünfundzwanzig bis dreißig – was schon viel mehr Spaß machte – schwanken. Wir setzten uns in einem Halbkreis auf den Boden. Das Kind, das jeweils am rechten Ende unserer Reihe saß, trat dann als Spielleiter in die Mitte. Hatte es seinen Auftritt beendet, ließ es sich, von der Mitte aus und ohne zu schauen, so weit wie möglich nach hinten fallen, wie um zu zeigen, dass es sich sicher war, wir würden es halten. Wir fingen es im Flug auf und warfen es schreiend wieder in die Luft, so hoch wir konnten. Mehr schlecht als recht landete es auf seinen Füßen und überließ seinen Platz dem Nächsten, der am rechten Ende des Halbkreises saß. Das Lachen, das die gerade beendete Geschichte ausgelöst hatte, beruhigte sich sofort: Wir waren bereit, dem Rhythmus des neuen Spielleiters zu folgen.

Manchmal passierte es allerdings, dass ein Kind in dem Moment, in dem es sich in die Arme seiner Freunde warf, stürzte. Zufälligerweise handelte es sich bei diesen Unglücklichen oder Ungeschickten immer um diejenigen, die am wenigsten in unsere Gruppe integriert waren. Und zufälligerweise galten sie als schwierig oder egoistisch.

Die Kindererziehung der Bangangté unterscheidet nicht zwischen Mädchen oder Jungen. Sie wachsen zusammen auf und können gemeinsam die gleichen Arbeiten auf dem Feld oder im Haushalt ausführen und erlernen. Sie kümmern sich auch in gleichem Maße um ihre kleinen Geschwister. Und sie spielen die gleichen Spiele. Daher fühlen sich die Mädchen den Jungen gegenüber völlig ebenbürtig und sie erhalten vor allem dieselben Freiheiten. Erst in der Pubertät unterscheiden sich gewisse Tätigkeiten. So lässt man die Jungen zum Beispiel eher die schweren Arbeiten erledigen, große Lasten tragen, Wälder roden. Die Mädchen hingegen beschäftigen sich eher in der Küche oder waschen die Wäsche der Familie. Das muss jedoch nicht automatisch so sein, denn es gibt immer wieder Mädchen, die stärker als Jungen sind und die so genannte Männeraufgaben für sich in Anspruch nehmen. Umgekehrt ziehen Jungen manchmal die Arbeiten vor, die als weiblich gelten. Niemand wird etwas dagegen einzuwenden haben. Eine Mutter, die Hilfe braucht, wird sie sowieso von demjenigen fordern, der eben gerade anwesend ist – egal ob Mädchen oder Junge.

So sieht also die Erziehung in Bangangté aus. Das höchste, unablässig angestrebte Ziel besteht darin, ein Auseinanderfallen der Gesellschaft zu verhindern. Denn dies bedeutete sowohl für die Familie als auch für die gesamte Gemeinschaft einen großen Verlust. Unter diesem Gesichtspunkt lässt man alle die unzähligen Rituale ausführen, die den einzelnen Menschen mit der Erde seiner Vorfahren – sowohl väterlicher- als auch mütterlicherseits – verbinden und die jeder wiederum an die zukünftigen Generationen weitergeben soll.

Selbstbewusst und frei

Um eine Vorstellung davon zu bekommen, wie sehr die Afrikaner ihrem Schicksal vertrauen, muss man nur einmal in einem öffentlichen kamerunischen Bus mitfahren. Für umgerechnet etwa fünf Pfennig pro Kilometer kann man in Kamerun überall hinkommen, vorausgesetzt es führt eine Straße dorthin, geteert oder nicht, in gutem Zustand oder mit Schlaglöchern.

Ich befinde mich kurz vor der Abreise nach Douala, eingezwängt auf meiner Bank zwischen zwei wohlgenährten »Mamas«. Der Bus ist zum Bersten voll. Dennoch schreien die Aufseher des Busbahnhofs immer wieder: »Douala, zwei Plätze.« Während man auf die Abfahrt wartet, hat man viel Zeit, seine Mitreisenden kennen zu lernen, ja sogar noch schnell ein paar letzte Einkäufe zu erledigen, wobei man aus den Augenwinkeln die zunehmende Anzahl an Mitfahrenden im Bus überwacht. Die Wartezeit kann sich einen halben Tag lang hinziehen, wenn es wenig Passagiere gibt, im Allgemeinen dauert sie jedoch ein bis zwei Stunden.

Auf kürzeren Strecken ist der Bus in der Regel so voll, dass man die Menschen zusammenpferchen muss, indem man gegen die Türen drückt. Auf Langstrecken kann man es sich hingegen – relativ gesehen – ganz gemütlich machen. Was das Gepäck angeht, so bin ich immer wieder voller Bewunderung, wie gewandt die Fahrer Koffer, Säcke mit Getreide oder Kartoffeln, Bananenstauden, Kanister mit Palmöl, Ziegen und Hühner aufeinanderstapeln. Es heißt, die Kameruner verreisen nicht, sondern sie ziehen jedes Mal um, wenn sie sich an einen anderen Ort begeben. Das Erstaunlichste ist, dass alle Reisenden ihr Gepäck bei der Ankunft wiederfinden, auch wenn es manchmal kaputtgeht. Um die Form zu wahren, schimpft man ein bisschen, denn eigentlich weiß jeder, dass daran nichts mehr zu ändern ist.

Dann ist es soweit: Der Bus ist vollgestopft. Also kann es endlich losgehen. Die Uhrzeit spielt dabei keine Rolle. Die Bequemlichkeit lässt zwar zu wünschen übrig, die Art zu reisen ist jedoch sehr effizient und entspricht den Bedürfnissen der Menschen. Dank der flexiblen Kommunikationswege steht ihnen nämlich eine große Auswahl an Möglichkeiten offen. In der Stadt haben die unzähligen Taxis und Kleinbusse zum Beispiel ein System, das »Aufsammeln« genannt wird. Das heißt, alle Personen, die ungefähr in dieselbe Richtung wollen, die der Fahrer als Route für den betreffenden Tag ausgewählt hat, werden mitgenommen. Dieses System ist sehr ökonomisch, für die Passagiere und auch für den Fahrer, da der Wagen nie leer fährt. Im Inneren des Busses herrscht eine sehr freundschaftliche Atmosphäre, und im Verlauf der unvorhergesehenen Begegnungen kommt es zu vielen intensiven Gesprächen.

Überlandfahrten sind an Bord dieser Kleinbusse mit vierzehn Sitzplätzen immer ein besonderes Abenteuer, eine richtige Expedition, von der man nie genau sagen kann, wie lange sie dauert. Um flexibel und bis zum Schluss bei guter Laune zu bleiben, sollte man die Reise selbst als Teil des angestrebten Zieles betrachten. Auch wenn man darauf achtet, einen Bus auszuwählen, der sich in einem guten Zustand zu befinden scheint, kann man Pannen nie ganz ausschließen. Der Ausgang der Reise hängt ebenso vom Funktionieren des Motors wie von den Fahrkünsten des Fahrers ab, aber auch vom guten Willen der Mitreisenden, deren Mithilfe gefragt ist, zum Beispiel bei einem Unfall, einer Reifenpanne oder wenn der Wagen auf einer schlammigen Straße stecken geblieben ist.

An dem betreffenden Tag schaffte es der Motor bergauf nicht. In den engen Kurven, die sich den Hügel Bana hinaufschlängelten, machte der Bus mit seiner beeindruckenden Ladung, die vom Dach herunterhing, schlapp und kam nicht mehr weiter. Der Fahrer ließ uns aussteigen und wir mussten schieben. Der Bus wurde wieder schneller. Wir mussten ihn etwas weiter oben zu Fuß einholen. Jedes Mal, wenn wir aussteigen mussten, zerrissen unsere Kleider an den kaputten Sitzen. Dennoch regte sich niemand auf; im Gegenteil: Man rief sich ermutigende Worte zu und spornte sich gegenseitig an.

»Was für ein Unglück!«, seufzte meine gewaltige Nachbarin schließlich, die durch das ständige Aussteigen, Schieben und wieder Einsteigen völlig am Ende war. »Wenn dieses Auto wenigstens mit einer Panne zufrieden wäre, ohne dabei unsere Kleider kaputt zu reißen.« Niemand kam auf die Idee, sich über den Fahrer zu ärgern, der mir jedoch zu einem großen Teil für unser Missgeschick verantwortlich zu sein schien, auch wenn ich diese Meinung nicht laut äußerte. Währenddessen spielte er unbeirrbar und mit größter Perfektion die Rolle des Kapitäns auf dem sinkenden Schiff: Er schrie Befehle herum und keinem kam es in den Sinn, sie in Frage zu stellen.

Gut die Hälfte der Strecke auf der Straße von Bangangté nach Douala ist kurvenreich und steil. Bis zu der großen Hafenstadt fährt man fast ununterbrochen durch bewohnte Gebiete. Ich liebe es, das Treiben der Menschen zu beobachten, die ihre Häuser entlang dieser langen Straße gebaut haben, durch die Tag und Nacht Lebensmittel, Rentenzahlungen und Holz in die große Hafenstadt mit mehreren Millionen Einwohnern fließen, oder umgekehrt das Hinterland mit allen möglichen Importgütern aus dem Westen überschwemmt wird. Ab vier Uhr morgens ist diese Verkehrsader von Fußgängern bevölkert, die zu ihren Feldern gehen, und von Kindern, die sich auf dem Schulweg schubsen, ohne sich um die Autos zu kümmern, die – oft in schlechtem Zustand – sehr schnell fahren. Um sich einen Weg durch dieses Getümmel zu bahnen, veranstalten sie zudem ein ohrenbetäubendes Hupkonzert.

Die Wohnungen liegen meist direkt unterhalb der Fahrbahn, die recht schmal ist und keinen Gehweg hat. Der Anhänger eines Sattelschleppers, der bei dem rasanten Tempo ins Schwanken gerät, und schon… Wie kann man eine solche Gefahr einfach außer Acht lassen? Dies ist kein Zeichen von Gewissenlosigkeit. Die Menschen hier leben in der Überzeugung, dass ihnen nichts passieren kann, wenn Gott es nicht will.

Auch eine andere Reise nach Douala ist mir ebenso eindrücklich in Erinnerung geblieben. Ich hatte für abends einen Flug nach Frankreich gebucht. Unvorsichtigerweise verließ ich Bangangté erst am Morgen desselben Tages. Am Busbahnhof stand nur noch ein einziger Bus. Ich sicherte mir einen Platz, bemerkte aber beim Einsteigen, dass etwas mit den Reifen nicht in Ordnung war. Ich wies den Fahrer darauf hin. Er schenkte mir ein breites Lächeln, wie um mir mitzuteilen, dass ich mir wirklich unnötig Sorgen machte:

»Das habe ich schon lange repariert«, versicherte er mir, »aber ich hatte nicht genug Geld, um die Reifen zu wechseln. Mach dir keine Sorgen. Wenn wir in Douala ankommen, lasse ich es machen.«

Gott befohlen! Ich musste mich wohl oder übel entscheiden. Was blieb mir übrig. Ich hielt mich an eine Redensart, die man in meinem Dorf oft hört: »Wenn die Reihe an dich kommt, dann bist du dran. Bist du jedoch nicht an der Reihe, dann wird dir auch nichts passieren.« Ich hatte meine Beunruhigung schon völlig vergessen, als ich nach ungefähr hundert Kilometern den Fahrer schreien hörte: »Mist. So ein Pech.« Er hätte das Wort in der Mehrzahl benutzen sollen, denn es war nicht nur, wie vorherzusehen, ein Reifen geplatzt, sondern es gab zu allem Überfluss auch keinen Wagenheber. Die männlichen Reisenden mussten den Wagen hoch hieven. Dann wurde ein großer Holzklotz, der durch eine Fügung Gottes unweit vom Ort des Geschehens gefunden wurde, darunter geschoben. Der Ersatzreifen sah nicht Vertrauen erweckender aus als der defekte. Er hatte einen Schnitt, der mit alten Schläuchen geflickt worden war ... Natürlich platzte er nach zehn Kilometern. Alle Passagiere stiegen aus und setzten sich ins Gras. Ich sah mein Flugzeug

schon ohne mich davonfliegen und stellte mich sofort an den Straßenrand, um nach einem anderen
Transportmittel Ausschau zu halten. Glücklicherweise hielt schon nach kurzer Zeit ein Bus, in dem
noch ein einziger Platz frei war. Da das Flugzeug
nicht auf mich warten würde, erklärten sich die anderen bereit, ihn mir zu überlassen.

Ich setzte mich also neben den Fahrer. Die Reifen
hatte ich nicht untersucht, doch es gab in meinem
neuen Gefährt einen anderen Grund zur Beunruhigung. Ölgeruch drang in den Innenraum, so dass
man fast keine Luft mehr bekam. Mir fiel ein weiteres
Sprichwort der Bangangté ein: »Auf der Suche nach
etwas Besserem findet man häufig das Schlechtere.«
Die Kleider der Mitfahrenden waren schwarz vom
Ruß.

»Ich hoffe, im Preis für die Fahrkarte ist die Seife
enthalten«, rief eine Frau, deren Bluse sicher nie
mehr weiß sein würde. »Ich ersticke«, seufzte eine
andere. Der Fahrer erschien mir ein wenig besorgt,
aber er fuhr trotzdem in flottem Tempo weiter. Ab
und zu lehnte er sich aus dem Fenster, wie um das
Hinterrad zu kontrollieren. Plötzlich klammerte er
sich, ohne auch nur das Geringste zu sagen, ans
Lenkrad und verhinderte wie durch ein Wunder,
dass der Bus sich überschlug. Ein Rad hatte sich
komplett gelöst, und durch die Reibung der Eisenfel-
ge auf der geteerten Straße hatte sich das überhitzte
Öl, das auf dem Boden ausgelaufen war, entzündet.
In Sekundenschnelle sprangen wir nach draußen.
Glücklicherweise besaß der Fahrer einen funktionie-
renden Feuerlöscher. Es gelang ihm, den Brand zu lö-
schen, der uns alle zweifellos »geröstet« hätte, denn

die Hintertür des Busses ließ sich nur schwer öffnen. Es bestand kein Zweifel: Dies war »mein Tag«.

Zu meinem großen Glück bot mir ein liebenswürdiger Herr großzügig einen Platz in seinem Auto an und setzte mich am Flughafen von Douala ab. Ich gebe zu, dass ich beim Start große Angst hatte. Ein Flugzeugabsturz wäre die Krönung dieses Unglückstages gewesen. Aber nein, es war doch nicht »mein Tag«. Es war noch zu früh zum Sterben.

Diese erlebnisreichen Reisen sorgen für eine große Solidarität unter den Passagieren. Alle bilden vorübergehend eine Familie, man teilt das Essen und die Getränke. Gemeinsam kümmert man sich um die Kinder. Die Gespräche sind in vollem Gang: Man spricht über nationale oder internationale Ereignisse in der Politik, aber auch über traditionelles Kulturgut, Religion oder Wirtschaft. Nicht zu vergessen auch der endlose Tratsch über mehr oder weniger wichtige Menschen aus dem Dorf oder dem Staat. Manchmal kommt es zu ernsthaften Spannungen zwischen den glühendsten Verfechtern einer bestimmten Meinung. Die anderen Passagiere setzen sich dann, immer mit Humor, dafür ein, dass wieder Ruhe einkehrt. Die Ereignisse während der Reise sorgen sowieso dafür, dass die Streitigkeiten schnell in Vergessenheit geraten. In der Not entsteht ein starkes Zusammengehörigkeitsgefühl, ob es sich nun um ein technisches Problem handelt oder um eine der zahlreichen Polizeikontrollen.

»Ihre Ausweise, bitte!«, sagt ein Vertreter der Ordnungskräfte in neutralem Ton, während er sich an einem der Fenster unseres Busses aufstützt. Langsam kramen alle ihre Papiere hervor, bis auf einen alten

Herrn, der so tut, als würde er nicht verstehen, was man von ihm will. Unter dem missbilligenden Gemurmel seiner Reisegefährten lässt ihn der Polizist rücksichtslos aussteigen. Der Schuldige setzt sich wortlos ins Gras und spielt den Analphabeten, der kein Französisch versteht, obwohl er sich zwei Minuten vorher noch perfekt in dieser Sprache unterhielt. Trotz der unangenehmen Fragen, die man ihm stellt, bleibt er einfach dort sitzen, mit dem ruhigen Blick eines Menschen, der ein reines Gewissen hat. Die Polizisten fordern den Fahrer auf, ohne den alten Herrn weiterzufahren. Der Fahrer weigert sich, und auch die anderen Passagiere, von denen einige protestieren: »Können sie denn nicht ein Auge zudrücken wegen seines Alters? Denken sie, jeder Mensch ist zur Schule gegangen und weiß, wozu diese ganzen Papiere da sind?« Nachdem wir eine Stunde diskutiert und gefleht haben, können wir vollzählig weiterfahren.

Mit solchen Abenteuern und Missgeschicken erreicht man Douala, ohne sich der Länge und Anstrengung der Reise bewusst geworden zu sein. Die Wege trennen sich, und alle verabschieden sich herzlich voneinander wie alte Freunde.

Und dann wieder die Rückkehr aufs Land. Ich sitze in einem Bus in Douala und warte geduldig seit drei Stunden, dass er voll wird, damit wir abfahren können. Meine einzige Ablenkung während dieser Zeit besteht darin, die auf der Straße vorbeigehenden Menschen zu beobachten.

Wie immer in Douala ist es heiß, eine feuchte Hitze. Ich sitze ganz vorne im Bus auf einem Plastiksitz, und der Schweiß klebt an meiner Haut. In dieser Umgebung aus Teer und Beton gibt es nichts, was mir helfen könnte. Um mich abzulenken, stelle ich mir vor, ich würde mich hundert Jahre früher an diesem Ort befinden: Ich liege im Gras vor einer Lehmhütte, im Schatten eines großen Baumes, der Wind aus der weiten Ebene streicht über mich hinweg, er kommt vom Atlantischen Ozean, der sich unsichtbar in einigen Kilometern Entfernung erstreckt. Vielleicht würde ein Kind mir die Milch einer Kokosnuss bringen.

»Eisgekühltes Wasser?«

Die Stimme eines kleinen Jungen reißt mich aus meinen Träumen. Er ist halb nackt und schleppt in einem Eimer Mineralwasserflaschen mit sich herum, die er an einem kleinen Brunnen gefüllt hat. Sie sind ganz beschlagen. Als Messbecher benutzt er eine leere Colabüchse. Drei Mark kostet ein Glas. Na gut – ich habe wirklich zu großen Durst. Drei Messbecher voll Wasser, und ein ungeheures Wohlgefühl durchströmt mich. Die Menschenmenge, die um mich herumwimmelt, existiert wieder. Man versucht mir Schmuck, Uhren, geräucherte Fische, Medikamente und sogar Unterhosen anzudrehen. Wir schwatzen. Und sobald der andere erkannt hat, dass ich »seine Frau«, also die Frau des Stammesführers bin, erkundigt er sich nach den Neuigkeiten aus dem Dorf.

Es sind vor allem Frauen, die ich draußen sehe. Manche sitzen hinter einem Gestell, einem wackeligen Tisch, auf dem sich unzählige Brote stapeln. Andere tragen ein Kupfertablett auf dem Kopf, auf dem die verschiedenartigsten Gegenstände liegen. Wie viel mochten sie wohl am Tag verdienen? Was machen sie mit diesem Geld? Wer kümmert sich um ihr Zuhause während ihrer Abwesenheit?

Jedenfalls machen sie sich keine allzu großen Gedanken um ihr Aussehen. Denn die Kleider, die sie mitten in der Stadt tragen, unterscheiden sich nicht sehr von denen, die wir auf den Feldern zum Arbeiten anziehen. An den Füßen tragen sie die so genannten »Unzuverlässigen«. So nennt man im Spaß ihre Plastiksandalen, die nicht einmal einen Tag zu Fuß überstehen. So muss man häufig noch am selben Tag, an dem man sie erstanden hat, barfuß weitergehen. Diese Frauen bewegen sich jedoch mit einer geschmeidigen Leichtigkeit und einer Ausstrahlung, die bewundernswert ist: Es ist die Eleganz, die aus dem Herzen kommt. Sie fühlen sich in der Stadt genauso wohl wie bei sich zu Hause.

Eine weitere Frauengruppe nähert sich lachend. Alle tragen prächtige Trachten mit Schürzen in bunten Farben. Außerdem machen sie einen sehr stattlichen Eindruck auf ihren hohen Absätzen. Um ihre Köpfe winden sich kunstvoll geknotete Seidentücher. Allerdings sind sie so dick gewickelt, dass es eine Qual sein muss, sie bei dieser Hitze zu tragen. Dennoch sieht es nicht so aus, als ob die Frauen dies sonderlich stören würde. Offensichtlich verreisen sie, da ihnen die Träger des Busbahnhofs folgen, schwer beladen mit Taschen. Alle kennen sich. Sie umarmen auch die zerlumpte Verkäuferin, fallen einer anderen in die Arme oder klatschen zum Spaß in die Hände der nächsten. Keine von ihnen scheint sich um den Unterschied der Kleidung zu kümmern. Sie sind alle gleich, sie sind frei.

Dann erscheint direkt vor der Windschutzscheibe meines Busses eine Frau, die noch vornehmer als die fröhliche Gruppe gekleidet ist. Auch sie hat Schuhe mit hohen Absätzen an, trägt jedoch auf ihrem Kopf einen Kessel mit drei Füßen. Sie geht ebenso aufrecht und stolz vorbei wie die Frauen aus der Sahelzone, die man auf den Plakaten der Reisebüros bewundern kann und die ihren Wasserkrug mitten auf dem Kopf balancieren. Sie strahlt Freiheit aus. Und auch sie besitzt die gleiche Selbstsicherheit wie die anderen, die gleiche Charakterstärke. Ja, sie verkörpert die Freiheit, die gleiche Freiheit wie meine Freundinnen und meine Mitehefrauen in Bangangté.

Und auch die gleiche Weisheit.

Danksagung

Ich danke Eric de Rosny für seinen freundschaftlichen Beistand und seine Ermutigungen, ebenso Frédéric Faverjon, der sich für meine Arbeit interessierte, obwohl er Bangangté schon vor mehreren Jahren verlassen hat, und mir durch seine Fragen und Überlegungen wertvolle Denkanstöße gab.

Mein besonderer Dank gilt auch Joseph Nkammi dafür, dass er mir seine Arbeiten über Lebensweisheiten und Würdentitel in Bangangté zur Verfügung stellte, aber auch für die vielen Erklärungen, die er mir freundlicherweise gab.

Außerdem danke ich Olivier Ikor, der mir half, die Vorstellungen, die sich doch sehr von der heutigen westeuropäischen Denkweise unterscheiden, klarer zu vermitteln.

Schließlich möchte ich allen danken, die mich in dieser Zeit des Nachdenkens mit Liebe und Zuneigung begleitet haben: Frédéric und Sophie Morane, Prosper, Basile Njofang, Yvette und Alexis Ngatat und das ganze Kollegium der Thomas-Noutong-Schule ebenso wie Douala Lionel, Nadine, Isabelle und Frank.

Nicht zu vergessen auch die Unterstützung durch meine vier Kinder und ihre Freunde, Fany und Nicolas, die in allen Ferien zusammen mit meinen vielen kamerunischen »Kindern« die Arbeiten auf meiner Plantage übernommen haben, damit ich mich völlig dem Schreiben dieses Buches widmen konnte.

Tsvia Walden

Die Sprache des Friedens

Meine israelische Geschichte

192 Seiten, gebunden mit Schutzumschlag
ISBN 3-7205-2333-0

Die Tochter von Schimon Peres kämpft mit
eindeutiger Botschaft für den Frieden zwischen Israelis
und Palästinensern. Offen erzählt sie ihr Leben – und damit
die Geschichte Israels und des Nahostkonflikts. Ihr Plädoyer:
Für den Frieden ist nicht nur eine politische, sondern auch
eine kulturelle Verständigung notwendig.

DIEDERICHS

Rosina-Fawzia Al-Rawi

Tante Fatima kauft einen Teppich

Mein Leben im Morgenland der Frauen

304 Seiten, gebunden mit Schutzumschlag
ISBN 3-7205-2325-X

Rosina-Fawzia Al-Rawis authentische Geschichten
entführen auf poetische Weise in die weibliche Welt des
Nahen und Mittleren Ostens. Liebevoll und mit Humor
zeigt sie die starken Frauen »ihres« Orients und schildert
die arabische Kultur so lebendig wie in den Märchen
aus Tausendundeiner Nacht.

HEINRICH HUGENDUBEL VERLAG

ERFAHRUNGEN

Claude Njiké-Bergeret

Meine afrikanische
Leidenschaft

Das Leben der weißen Königin
von Banganté

»Warum ich den Stammeshäuptling der Bangangté geheiratet habe, obwohl er schon dreißig Frauen hatte? Weil ich ihn liebte, das ist alles.«
Die in Kamerun aufgewachsene Französin Claude verlässt ihren Mann, um nach Afrika zurückzukehren. Sie hat nicht vor, für immer zu bleiben, doch das Schicksal will es anders. Sie verliebt sich in den Stammeshäuptling ihres Dorfes ...

ISBN 3-404-61509-3

BASTEI
LÜBBE